LA ENTREVISTA

ITALO FRIGOLI
LA ENTREVISTA © 2022
Inscripción en el registro de Propiedad Intelectual: 2022-A-6723

Se terminó de imprimir esta
PRIMERA EDICIÓN EN ESPAÑOL
en los talleres de Equipo Gráfico
en enero de 2023

ISBN edición impresa: 978-956-09790-2-5
ISBN edición digital formato ePub: 978-956-09790-3-2

EQUIPO EDITORIAL
Ítalo Frigoli, Sandra Frigoli, Paula Díaz R., Gabriela Corral D.

DISEÑO Y PRODUCCIÓN
Versalita Ediciones

Fotografía de portada
"Recibimiento (portada) / Enfrentamiento (contraportada), por Juan Carlos Fermín Weffer"

Todas las citas bíblicas han sido tomadas de la versión Reina-Valera 1960, Sociedades Bíblicas Unidas.

Este texto fue compuesto con tipografía Fournier diseñada por el tipógrafo francés Pierre-Simon Fournier en 1736 en París. Cuerpo de texto tamaño 11 / interlineado 15 / justificado a la izquierda. Títulos Fournier tamaño 17 / interlineado 18. Libro impreso a 1/1 colores / papel bond ahuesado / hotmel.

IMPRESO EN CHILE / PRINTED IN CHILE

LA ENTREVISTA

Italo Frigoli

Prólogo de

DR. WILLIAM HINN

DEDICATORIA

Dedicado mi esposa, la pastora Sharon Frigoli, mujer valiente y ejemplo de amor para su familia y para Dios. Su amor, entrega, su espiritualidad y sus oraciones han sido un escudo que nos ha protegido por más de 50 años. Fue mi mayor apoyo e inspiración al escribir este libro.

RECONOCIMIENTOS

Un agradecimiento a la hermosa familia King's Santiago, que me ha animado en este proceso.

A mi amada esposa Sharon, quien fue mi fortaleza cuando estuve a punto de rendirme. Gracias por las horas que has pasado a mi lado en este proyecto.

A mi hija Sandra, que me ha ayudado a ordenar mis pensamientos.

A mis queridos amigos, la pastora Beth y su marido Jeff Schultz, quienes me ayudaron con una generosa ofrenda.

Al pastor Dwayne Jones, quien profetizó que escribiría un libro narrando mi experiencia.

Sobre todo, alabo a mi Señor Jesucristo, quien me ha protegido durante toda mi vida y me ha llamado al ministerio. A Él sea siempre toda la gloria.

PRÓLOGO

Por más de 38 años ha sido un honor conocer y ministrar junto al pastor Italo Frigoli. Él personifica el versículo de Proverbios 18:24 que dice: *"... amigo hay más unido que un hermano".* A lo largo de los años su carácter firme, su devoción a Jesús y su fe implacable han sido evidentes y una inspiración para muchos.

Un día recibí una llamada de que estaba en el hospital luchando por su vida; mi corazón se hundió y mi familia, la iglesia y yo comenzamos a orar. Después de muchas semanas de orar y esperar, finalmente recibimos la llamada de que había salido del hospital. Sin tener idea del trauma por el que pasó, planeamos reunirnos para cenar.

Cuando lo vi por primera vez pude notar algo diferente y, mientras describía su experiencia de muerte y vuelta a la vida, no pude evitar pensar en lo receloso que he sido de las muchas historias que he oído y los muchos libros que se han escrito sobre los que murieron, fueron al cielo o al infierno y volvieron.

Pero este era mi amigo Italo Frigoli hablando conmigo, y en todos los años que he conocido a este hombre piadoso, nunca lo escuché hablar así. Mientras compartía acerca de enfrentarse a esa pantalla donde su vida pasaba ante él, mi mente fue capturada por los detalles que el Señor estaba trayendo ante él, me sentí tembloroso por dentro y mi espíritu fue movido por la Presencia de Dios.

Me asombró la vivacidad de las partes diminutas que Dios estaba recordando del pasado de Italo y la responsabilidad de las cosas que aún están por hacerse.

Mientras Italo continuaba compartiendo su experiencia, yo empecé a tener la mía. El Señor me estaba recordando cosas a las que me he comprometido pero que no he hecho. Promesas que he realizado y que no he cumplido. Cosas viejas que deberían haber sido tratadas pero que se han dejado, e incluso cosas menores de las que debería haberme arrepentido pero que he olvidado.

El pastor Italo citó Hebreos 12:14 que dice, en parte, *"... sin santidad nadie verá al Señor"*. No significa que tengamos que alcanzar la perfección antes de entrar en la presencia de Dios, sino que tenemos que estar santificados, apartados para el Señor, habiendo renunciado a nuestros fallos personales y a las tentaciones de este mundo. Esta experiencia no fue para condenar, sino para limpiar y para llevar a cabo nuestro destino para el reino de Dios.

En este libro, el viaje del pastor Italo y su vida de devoción te inspirarán a acercarte a Cristo, y su fe te animará a terminar tu destino en el propósito de Dios.

Ruego que su experiencia te impacte tanto como a mí.

DR. WILLIAM HINN

CAPÍTULO 1

Desde muy niño había escuchado los cuentos macabros de lo que sucedía cuando uno moría. Cuentos de fantasmas, de diablos y demonios, de muertos que resucitan después de enterrados. Recuerdo que se me ponía la piel de gallina al escuchar esos relatos, pero la primera vez que tuve contacto real con la muerte fue en el año 1959, en la ciudad de Santa Cruz, Bolivia. Yo había recién cumplido los 9 años.

Mis padres eran pastores de la iglesia de las Asambleas de Dios en la calle Charcas 227. En ese entonces vivíamos en la casa pastoral detrás de la iglesia y una tarde apareció un matrimonio que a simple vista se notaba que eran de humilde condición. El padre llevaba en brazos a una niña de unos 8 años, muy desnutrida. El hombre explicó a mis padres que habían venido de la selva para consultar con el doctor por la salud de la hija, pero era demasiado tarde puesto que, en cualquier momento, iba a fallecer. Cortésmente les pidió a mis padres un lugar donde la niña pudiera descansar ya que esperaban el desenlace fatal en cualquier instante. De inmediato, mis padres le prepararon una cama en una de las aulas de la escuela dominical y compartieron comida y un café con ellos. Mi hermana Érica y yo buscamos juguetes que nuestra abuela nos había enviado desde Italia para que se entretuviera. Jamás podré olvidar lo delgada que estaba esa niña y la tristeza que se veía en la cara demacrada de su madre. El padre intentaba animar la situación y hablaba constantemente palabras sin ningún sentido. Mi mamá se arrodilló al lado de la cama y comenzó a orar con una intensidad que solo he visto en ella. Mi mamá era una guerrera en la oración.

Yo no estaba preparado para lo que estaba sucediendo porque mi experiencia con funerales era lo que había visto en el velorio de un vecino de casa, con "lloronas" que gemían y lloraban sin cesar. Obviamente eran mujeres contratadas para llorar en el velorio. Vestían totalmente de negro, con un velo que les cubría la cara y mientras algunas rezaban el *Ave María*, las otras gemían y sollozaban, pero esta escena era totalmente lo opuesto. Mis padres intentaron animar a la familia y no había lloronas ni grandes escenas histéricas. Antes de medianoche sucedió lo inevitable y jamás olvidaré el llanto de esa madre. El padre, que había estado sereno, comenzó a sollozar desconsoladamente y, aunque mi padre intentó contenerlo, era obvio que no lo conseguía. De hecho, vi lágrimas surcar las mejillas de mi padre mientras que mi mamá estaba hecha un mar de lágrimas, abrazada con la mujer. Quedé totalmente impactado. La niña falleció en silencio, con una sonrisa en los labios y con un pequeño refrigerador de juguete, que Érica le había regalado, en su mano derecha. Por primera vez pude sentir el dolor de otros ante la pérdida de un ser querido. Quedé muy impactado y asustado. Yo había oído a personas hablar de la muerte, pero nunca había visto a una persona morir. No sabía que ese episodio era simplemente un preludio a lo que iba a suceder pocos meses después.

CAPÍTULO 2

"Hamacas" era una extensa propiedad que había adquirido el misionero de las Asambleas de Dios, Everett Hale, en las afueras de Santa Cruz. Quedaba a unos 3 kilómetros de la ciudad, hacia el norte. En ella se encontraban las instalaciones del instituto bíblico, dormitorios para los estudiantes, la casa de los misioneros Hale y otra casa que era para dos mujeres misioneras norteamericanas, Pearl Estep y Flora Shaffer. Había una caballeriza y establos para las vacas.

Everett y Myrtle Hale eran esos típicos misioneros norteamericanos que todo lo que ellos tenían lo habían traído desde los Estados Unidos. Su casa era cómoda y fresca, gracias a los ventiladores y las ventanas con malla antimosquitos.

Myrtle siempre tenía una jarra de limonada con hielo que compartía con las visitas. Era una mujer especial, robusta, siempre sonriendo y hablaba con una voz muy dulce y tenue. Era un gran complemento para su marido, Everett, quien tenía el pelo ondulado y la típica cara de un norteamericano. Era alto y bondadoso. Lo recuerdo como un Santa Claus, gentil, amoroso. Tuvo mucho que ver con que mis padres siguieran juntos ya que no se llevaban bien en esa etapa de sus vidas y pensaban en separarse. Fue él quien causó que toda la familia recibiera al Señor, incluyendo a mi tío Leonardo. Años después, fue él quien me llevó a los pies del Señor, junto con Érica.

Si bien recuerdo, era la noche del jueves 28 de agosto de 1958 cuando fui a la iglesia de las Asambleas de Dios en la calle Charcas 227, en la ciudad de Santa Cruz de la Sierra, Bolivia. Era la noche de estudio bíblico y Everett Hale compartió la enseñanza. No recuerdo el tema que dio, pero sí recuerdo que al final de la prédica, cuando hizo un llamamiento al altar, yo pasé al frente, lo que causó cierta conmoción porque mis padres eran los pastores de la iglesia y obviamente todos suponían que sus hijos ya habían entregado su vida al Señor. No recuerdo haber pasado antes al altar, lo que sí sé es que esa noche sentí la gran necesidad de entregar mi vida a Cristo. Tenía 8 años y obviamente mi lista de pecados era muy limitada. Sí, había mentido a mis padres en alguna oportunidad. Había metido la mano en la cartera de mi mamá en alguna ocasión también. Me había peleado con mi hermana Érica y también la había culpado de cosas que ella nunca había hecho. Una vez, le pegué un chicle Bazooka en su cabello y otro en su ojo. Cuando lo intentaron sacar, tuvieron que cortar el cabello y al quitar el chicle del ojo arrancaron cejas y pestañas, algunas que nunca más crecieron. Esos chicles eran muy difíciles de conseguir y, cuando yo tenía uno, me duraba no menos de una semana. También, a esas alturas ya había peleado con otros chicos del barrio y un par de veces llegué a casa con un ojo negro.

Tal vez el peor de mis pecados fue estar a la puerta de la iglesia un domingo por la mañana mientras mi papá estaba predicando y ver pasar un cura. Estaba vestido con sus mejores galas, una sotana que posiblemente tenía más de cien botones, un sombrero blanco con rosado y un bastón en la mano derecha. Al verlo pasar, tuve una inspiración –que sospecho no fue divina– y le dije: "Cura que no cura nada" y de inmediato entré a la iglesia, repleta de feligreses, pensando que este cura no iba a entrar detrás de mí. Enorme fue mi sorpresa cuando dicho prelado entró en la iglesia e interrumpió a mi papá dando gritos, acusándome de ser un maleducado. Hubo un sobresalto general, mi papá terminó como pudo el culto, mi mamá me fulminó con una de sus famosas miradas que me daban a entender que lo que había hecho no tenía nada de gracioso y que después íbamos a charlar largo y tendido. Más de 60 años han pasado de ese episodio y todavía mi fama me persigue. Ese episodio ha pasado de una generación a la otra y forma parte del folklore de la iglesia en Santa Cruz.

Esa noche calurosa y húmeda de agosto de 1958, sentí la urgencia de hacer las paces con Dios y ese fue el principio de una vida dedicada al Señor. Mi mamá me regaló una Biblia Reina Valera de 1909, con tapa verde. Ella me sugirió que yo la leyera a diario, cosa que hice, pero el lenguaje utilizado en esa traducción era difícil para alguien que recién estaba aprendiendo gramática así que, varias veces al día iba a preguntar a mi mamá el significado de alguna palabra o porqué sucedió una cosa o tal otra. Me costó mucho pero finalmente pude decir que antes de cumplir mis 10 años, había leído la Biblia de tapa a tapa.

Everett y Myrtle tenían dos hijos varones y una hija. Recuerdo que los hijos eran muy traviesos y juntos explorábamos la propiedad, además, los tres en algún momento caímos de algún árbol. Cuando recuerdo mi caída de un árbol, puedo sentir el sabor amargo en mi boca por los porrazos que me daba en la cabeza. Felipe, uno de los hijos de los misioneros, una vez cayó y se fracturó un brazo. En la propiedad había muchos árboles de mango, pomelo, naranja, limones y otros más. Las palmeras producían su fruto y los caballos se deleitaban con ellos.

Fue entonces que aprendí a montar a caballo, aunque debo admitir que nunca fue algo que me llamara mucho la atención. En una sola ocasión el montar a caballo fue especial para mí. Había ido con mi papá al aserradero que tenía en Santo Rosario, en la selva fuera de Santa Cruz. Llovía intensamente y yo me enfermé así que me tenían que llevar de vuelta a la ciudad donde estaba mi mamá. Los caminos estaban impasables para cualquier vehículo. La única forma para volver a la ciudad era a caballo. En esa ocasión, cabalgué unas seis horas acompañado por uno de los trabajadores de confianza. En ese entonces vivíamos en el taller de carpintería y mi mamá se asustó mucho al verme todo mojado, con fiebre y con mi pequeño trasero adolorido. Definitivamente, no me gustan los caballos.

Mis padres eran maestros del instituto bíblico y mi papá tenía una escopeta detrás de la puerta de la sala de clases para estar preparado para disparar a cualquier animal salvaje que se atreviera a entrar en la propiedad. Fue así como cierto día vio una serpiente de más de 20 metros de largo y, con la escopeta, la mató. Conservó la piel para mostrarla en las iglesias que visitaba en los Estados Unidos, recaudando fondos para la obra misionera en Bolivia, y esa piel siempre era el centro de atención de grandes y chicos.

Recuerdo que yo compartía un dormitorio con mi hermana Érica y cierta noche desperté de golpe porque sentía la presencia de alguien. Sorprendido, vi un ángel que estaba parado al lado del armario. Era un ser resplandeciente, majestuoso. Esa visión me causó tal pavor que comencé a gritar y desperté a mis padres, quienes entraron en la habitación precipitadamente para ver qué estaba sucediendo. Mis gritos causaron que ese ángel desapareciera. Durante días fui interrogado por mis padres. Unos diez días después volví a tener la misma experiencia con un ángel y otra vez desperté a mis padres con mis gritos. El ángel extendió su mano para que dejara de gritar, pero el miedo que tenía era demasiado fuerte y no pude callar. Hasta el día de hoy, cuando veo a un ángel, me causa una sensación de pavor. No sabía que Dios me quería preparar para la tragedia que estaba por vivir.

Mi mamá se llamaba Esther, pero le dieron el apodo cariñoso de Tily. Ella era una mujer delgada, esbelta, elegante, con el pelo negro, labios gruesos, grandes ojos color castaña y hablaba español con acento italiano. Era muy cariñosa con nosotros tres y con los hermanos de la congregación. Ella había nacido en Milano, Italia, y antes de casarse había conseguido su título como doctora farmacéutica. Era una mujer muy instruida y hablaba cinco idiomas fluidamente. Le encantaba leer. Difícilmente uno podía hallarla sin un libro en la mano.

En esos tiempos, mi papá, además de pastorear la iglesia, tener el aserradero y la carpintería, trabajaba en la compañía petrolera ANGEO y en ocasiones se ausentaba por varios días; por consiguiente, mamá predicaba y se encargaba de todo lo que concernía a la iglesia. Recuerdo que, en varias ocasiones, ella era la que escribía el sermón para mi papá y luego le explicaba lo que tenía que decir.

Era la mujer que oraba con tanta intensidad, como no he visto a otros orar. Sus oraciones nacían del alma. Lloraba a mares cuando oraba, lo que siempre me molestaba mucho porque yo no quería que mi mamá llorara. Su fe era insuperable. Sufría mucho por asma y en ocasiones pasaba la noche entera sin poder dormir. En esos tiempos no había muchos remedios para esa enfermedad. Recuerdo que tenía que respirar vapores para abrir sus conductos de aire, pero en el año 1958, en un culto de oración, el Señor la sanó completamente. Ese fue mi primer encuentro con Jehová Rapha, mi médico divino.

Desde niño me han gustado los autos y una de las cosas que recuerdo eran los vehículos de los Hale. Un camión azul, con doble rueda atrás y cada fin de semana llenaba la carrocería con toda aquella persona que quería ir a la iglesia. También tenían un todoterreno antiguo tipo Segunda Guerra Mundial para viajes rápidos a la ciudad para recoger el correo, comprar algo en el mercado o ir a la iglesia. Otro vehículo que tenían era una camioneta Chevrolet del año 1960, de color verde. Esa estaba prácticamente nueva. En ocasiones, prestaban el todoterreno a mis padres.

El 21 de marzo de 1960 fue un día normal, con las actividades propias del instituto bíblico. Esa tarde, el misionero Hale le prestó a mi papá la camioneta Chevrolet para que pudiera llevar a unos hermanos de regreso a su iglesia en Montero, a unos 30 kilómetros de Santa Cruz. Érica y yo queríamos ir, pero mi madre nos mandó de vuelta a casa con el tío Leonardo porque iban a regresar muy tarde. Les pedí que me permitieran dormir en su cama hasta que llegaran de regreso, cosa a la que accedieron. A eso de las cuatro de la madrugada, me despertó una música indescriptible, como nunca había oído y no he vuelto a oír tampoco. Era un coro angelical, entonando una canción maravillosa, inigualable. No lo sabía en ese momento, pero tiempo después me di cuenta de que era la bienvenida de mamá al cielo. Esa fue la noche en la que mi madre murió en un accidente automovilístico. Oí a alguien hablar en voz baja en el patio de la casa, así que salí para ver quiénes eran, pensado que eran mis padres. Me encontré con mi tío Leonardo, hermano de mi mamá, y con mi tío Livio, hermano de mi padre. Ambos me abrazaron y podía ver que habían estado llorando. Mi tío Leonardo me preguntó si yo me sabía el corito "allá en el cielo" y le dije que sí y me pidió que lo cantara junto con él. Al terminar de cantar, me abrazó con fuerza y sentí que su cuerpo temblaba. Me dijo: "Tu mamá está ahora en el cielo, donde no hay más llanto, ni más tristeza, ni más dolor".

Yo no podía entender exactamente lo que me estaba diciendo y tuvo que explicarme que mis padres habían tenido un accidente en la carretera y que mi mamá había fallecido en el acto, sin sufrir, y que papá estaba en el hospital, pero que se iba a poner bien. Luego supe que mi papá en el intento de frenar se había fracturado el fémur de la pierna derecha en varias partes; tenía golpes en la cara que la hincharon de tal manera que no podía abrir los ojos. Los golpes que recibió en la cabeza lo dejaron inconsciente y durante varios días no sabíamos si iba a sobrevivir. Tenía cristales incrustados en su brazo izquierdo, el que levantó en un intento de proteger su cara. Con la mano derecha intentó proteger a mi mamá, pero su esfuerzo fue inútil. Estuvo varios días en un coma y los doctores no sabían si iba a despertar. Le dijeron que los daños en su pierna eran extensos, que posiblemente no iba a poder volver a caminar y que necesitaría una silla de ruedas por el resto de su vida, pero Dios tenía otros planes.

Tiempo después supe que mi mamá no había muerto instantáneamente, sino que se desangró sobre el asfalto. Alguien paró y en vez de ayudarla le robaron su reloj y su anillo de bodas, además de su cartera. También robaron el reloj y anillo de mi padre y su billetera.

A mis 9 años no podía entender completamente lo que mis tíos me estaban diciendo. Mi hermana Érica tenía 5 años y mi hermano Pablo 11 meses. Los tres tenemos el cumpleaños en el mes de abril.

La noticia del accidente y la muerte de mi madre se propagó con rapidez y muchos hermanos de la iglesia vinieron a expresar sus condolencias con sollozos. Mi madre era muy amada.

Fueron momentos agobiantes y mis tíos decidieron que era mejor que nosotros tres nos trasladáramos a la carpintería, en la calle Ñuflo de Chávez, y que la tía Dorita, esposa del tío Livio, tratara de distraernos. No nos permitieron ver el cuerpo de nuestra madre ni ir al funeral, pero pudimos ver a la distancia la gran cantidad de personas que fueron al cementerio para acompañarla a su última morada.

Mi papá estuvo grave en el hospital varias semanas. Él pedía ver a mi mamá, pero no le dijeron la verdad hasta cuando, semanas después, estaba más fuerte. Recuerdo claramente el día en que se lo dijeron. Podía oír sus sollozos y sus gritos retumbar por el pasillo del hospital. Estaba devastado. Se culpaba a sí mismo. Cuando finalmente le dieron el alta médica y pudo abandonar ese hospital, estaba enyesado desde el cuello hasta los pies y el calor de Santa Cruz era un eterno suplicio para él.

Tío Leonardo tuvo que llamar a sus padres en Italia para compartir la triste noticia de la muerte de su hija. Fue para mis abuelos un golpe del que nunca se repondrían. Finalmente, se decidió que debíamos viajar a Italia lo antes posible. Mis tíos hicieron los trámites correspondientes y consiguieron pasajes en Aerolíneas Argentinas, en un vuelo que salía de Santa Cruz a Buenos Aires, donde se hacía un cambio de avión, para luego ir a Río de Janeiro, hacer escala técnica en Casablanca y, finalmente, aterrizar en Roma.

Cuando redujeron el yeso a mi padre, emprendimos nuestro viaje a Italia. Mis tíos nos llevaron al aeropuerto y se aseguraron de que mi padre tuviera tres asientos para poder viajar acostado. Llegamos a Buenos Aires, nuestra primera etapa para conectar con el vuelo a Río de Janeiro. Al llegar al aeropuerto de Ezeiza, descubrimos que Aerolíneas Argentinas estaba en huelga y que no íbamos a poder seguir nuestro viaje.

Estábamos en el aeropuerto nosotros tres y mi papá acostado en el suelo, rodeados de nuestras maletas. La gente pasaba por nuestro lado sin dar mucha importancia a nuestras circunstancias hasta que una señora se acercó para preguntar si necesitábamos ayuda. Como pude, le expliqué nuestra situación y ella de inmediato se hizo cargo de nosotros. Pidió una ambulancia para llevar a mi papá al hospital, y a nosotros tres nos llevó a su casa. Recuerdo que era una casa grande, bien amoblada, con todos los lujos del momento. Me llamó mucho la atención su auto, grande y cómodo, con un manubrio que tenía como cuerdas de una guitarra y cuando el chofer tocaba la bocina, cada cuerda era de un tono diferente. Todos los días me llevaba a ver a mi papá en el hospital para que él estuviera tranquilo de que estábamos bien. Esa señora nos compró ropa y nos dio regalos. Le compró a Érica una muñeca de tela que fue su compañera en todo el viaje. A mí me regaló un autito que lo tuve por varios años. Estoy convencido de que Dios nos mandó un ángel para cuidarnos. Nunca supe quién fue esa mujer y cuando le pregunté a mi padre, él no podía recordarla.

Cinco días después, terminó la huelga de Aerolíneas Argentinas y pudimos continuar con nuestro viaje. Cambiamos de avión en Río de Janeiro y nos pusieron en los últimos asientos para que mi papá pudiera acostarse y estar más cómodo. Una de las azafatas me invitó a visitar la cabina de mando del avión y el capitán fue muy gentil conmigo. Me mostró los distintos instrumentos de vuelo. Yo estaba fascinado por el radar, pero a la vez nervioso porque había dejado a mis hermanos y papá solos. Llegamos a Casablanca de noche, y los tres desembarcamos para cenar una sopa negra que yo no estaba muy seguro de si la quería comer. Papá quedó en el avión acostado y finalmente, despegamos hacia Roma.

Allí nos esperaban mi tío Roberto, hermano menor de mi papá, y mi abuelo materno, Adeodato. Cuando el tío Roberto vio a su hermano enyesado, comenzó a llorar desconsoladamente. Habían pasado más de 10 años desde la última vez que había visto a su hermano y esa fue la primera vez que nos vio a nosotros. Una ambulancia estaba esperando a mi papá y nos llevaron de inmediato a la estación de trenes. Fuimos desde Roma hasta Milano, donde cambiamos de tren para finalmente llegar a Sondrio. Sondrio es una pequeña y tranquila ciudad en la Valtelina a los pies de los Alpes.

Llevaron a mi papá al hospital y nosotros fuimos a la casa de nuestra abuela materna, Aurora. Su casa era hermosa, de tres pisos, con los techos pintados con estrellas y diferentes decoraciones. Allí estaba la tía Nena, hermana de mi mamá, quien yo recordaba de años atrás cuando vivió con nosotros en Bolivia; su marido, el tío Nando Tavelli; la tía Wanda, hermana de mi papá, que nosotros no conocíamos; y la abuela Aurora, a quien conocía desde mis tempranos años. Ella estaba presente cuando yo nací en un hospital Belga en San Carlos de Bariloche, Argentina.

Recuerdo que la noche en que llegamos a Sondrio de repente escuché voces fuertes que discutían a gritos, tratando de decidir dónde nos íbamos a quedar. Hablaban acaloradamente de la necesidad de separarnos y que cada uno de nosotros fuera con una familia distinta. A pesar de mi tierna edad, decidí que no iba a permitir que nos separaran. Varias noches cerraba la puerta de nuestro dormitorio, ponía sillas o lo que hallaba, para impedir que nos separaran mientras dormíamos. Días después, se decidió que nos íbamos a quedar los tres en casa de la abuela Aurora.

El hospital donde estaba mi papá era a menos de una cuadra de distancia de la casa de la abuela, así que todos los días podía ir a verlo. Yo no quería ir por la tarde después de clases a verlo, porque a esa misma hora mostraban en la televisión un programa de mi héroe favorito: Ivanhoe. Para mí la televisión era lo más fascinante, ya que en Bolivia no existía, sino hasta 10 años después.

Me inscribieron en una escuela cercana que llevaba el nombre de Cesare Battista. Todos los estudiantes vestíamos camisa y pantalones negros. Tuve que aprender a usar una pluma que se tenía que mojar con tinta cada vez que uno quería escribir, y cada pupitre tenía su tintero.

Yo podía hablar y entender el italiano, pero no lo sabía escribir ya que por tres años yo había estudiado en un colegio alemán. Esos primeros meses fueron una pesadilla para mí porque no sabía las terminaciones verbales y no era bueno ni en la gramática italiana ni en la ortografía. Luego las cosas empeoraron porque agregaron latín, de lo que yo no tenía ni la más mínima idea. El tío Samuele, hermano de mi abuelo materno, me dio clases de latín durante todo el verano, mientras los demás se fueron de vacaciones. Como era de esperar, el ir a la escuela era un verdadero suplicio para mí. Usaba cualquier excusa para no ir.

Era una escuela católica así que semanalmente nos llevaban a misa. Yo tenía muy en claro que eso de la misa no era para mí, así que no participaba de sus ceremonias y no aceptaba la ostia, y mucho menos confesarme o persignarme. Después de misa, nos llevaban a ver una película, cosa que me fascinaba ya que en Bolivia era considerado pecado ir al cine; pero cierto día el cura se dio cuenta de que yo no participaba de la misa y me interrogó. Le dije que era evangélico y que no tenía ninguna intención de persignarme o recibir la ostia. En esos días, los evangélicos eran llamados "protestantes" y eran considerados hijos del diablo. Me obligaron a ir a misa, pero me prohibieron ir a ver la película después de la misa. Para mí ese fue el peor de los castigos, pero no comprometí mis convicciones. En ocasiones intenté infiltrarme para ver la película, pero siempre el cura me descubría y me echaba del cine.

Pasaron unos cuatro meses y mi papá, a quien habían dicho que no volvería a caminar, se recuperó caminando con la ayuda de muletas, y regresó a Bolivia. Nosotros tres nos quedamos a vivir con nuestros abuelos maternos por más de 3 años, pero esa es otra historia.

La muerte tan inesperada de mi madre dejó una profunda huella en mi hermana y en mí. Ambos sufrimos mucho. Mi hermano era demasiado pequeño para comprender todo lo que sucedió, pero nosotros dos teníamos memoria de la sonrisa de mi mamá, de sus palabras, su voz estaba grabada en nuestra mente.

Para consolarme, me imaginaba que mi mamá estaba en un largo viaje a un país lejano, pero pronto iba a volver. Varias veces pensé que la veía de lejos y que me saludaba con la mano como siempre lo hacía. Finalmente, entendí que no la iba a ver nunca más. Esos fueron los momentos en los que cuestioné el amor de Dios: "Dios, ¿cómo puedes dejar a tres niños pequeños sin madre? Ella estaba regresando de un culto, no de una fiesta. No había ido a un club, sino a una iglesia. ¿Es este tu famoso amor, Dios?".

Aunque tenía muchas preguntas y rencor contra Dios, en mi corazón siempre existió el temor de apartarme de sus caminos. Jamás me metí en droga, inmoralidad o alcohol. No era parte de alguna pandilla. Iba a la iglesia todas las veces que estaba abierta, pero no tenía muchas ganas de estar cerca de Dios. Mis oraciones eran rutinarias, repetitivas, siempre cuestionando su aparente falta de cuidado por nosotros, hasta que un día entendí que todo lo que nos sucede no es por coincidencia, que Dios tiene todo bajo control. Nada lo toma por sorpresa, aun las tragedias que como humanos nos corresponde vivir. Todo tiene un porqué, una razón fundamental, incluso la muerte de mi amada madre. El comprender esto me trajo tranquilidad al corazón, y pude entender que el plan de Dios es siempre perfecto.

Nos quedamos con nuestra abuela Aurora en su villa extraordinaria, amplia, de tres pisos en la calle Brennero 11, en la ciudad de Sondrio, a los pies de los Alpes. Realmente era una villa de lujo, con los techos adornados con pinturas originales de mi abuela. Mis abuelos eran adinerados y no ahorraron dinero en construir y decorar la Villa Aurora.

Los inviernos eran especiales para mí y disfrutaba mucho de la nieve. Yo no había visto la nieve antes. La Villa Aurora, donde vivíamos, contaba con un patio que era la mitad de una manzana de la ciudad. Tenía árboles frutales y mucho espacio para que nosotros pudiéramos jugar al aire libre.

Tía Nena tenía una hija, Marina, que era de la edad de Érica, y a Marco, de la edad de Pablo, y durante un tiempo ellos vivieron en uno de los pisos de la villa.

Mi tío Roberto, hermano menor de mi papá, tenía dos hoteles y una pista para esquiar en Aprica. De vez en cuando nos llevaba para que disfrutáramos de la nieve y en el verano a buscar champiñones en el bosque. Aprica es un hermoso pueblito en los Alpes, parecido a los que uno ve en las películas, y es una de las etapas del campeonato mundial de esquí. Tío Roberto llegó a ser juez en competencias internacionales de este deporte. Yo nunca aprendí a esquiar, tal vez porque nadie tenía la paciencia para enseñarme.

Recuerdo que tío Roberto me llevaba a Suiza cada vez que iba de compras porque la gasolina y los alimentos eran más baratos en ese país. Él manejaba un hermoso Alfa Romeo Giulieta de color azul oscuro, y para mí el ir a Suiza siempre significaba comer uno de esos famosos chocolates.

Nonna Aurora fue muy cariñosa con nosotros, especialmente con mi hermano Pablo. Lo cuidó con gran esmero. Lo tenía en brazos. Lo mimó. Ella había perdido un hijo a quien llamó Pablo, por eso mi hermano heredó ese nombre y ella lo amó como si fuera su hijo.

Mi abuelo Adeodato, por otro lado, era un hombre de muy poca paciencia con los niños. Su voz era como un trueno. Robusto y alto, era imponente para nosotros los niños. Recuerdo que fumaba en su oficina, lo que me parecía muy mal, pero era un hombre muy interesante. Había sido general del ejército leal al rey Victorio Emanuele III, mientras que mi abuelo paterno, Giuseppe Frigoli, y mi padre, eran guardaespaldas de Mussolini, o sea, eran del ejército opositor al rey. Mi abuelo había sido nombrado "Cavaliere" por el rey Victorio Emanuele III cuando Benito Mussolini era el primer ministro de Italia. Como consecuencia de ese nombramiento, se le adjudicó un castillo en Maccastorna. He visitado ese castillo y, al escribir estas líneas, estamos haciendo el papeleo legal para poder heredarlo.

Durante la Segunda Guerra Mundial, mi abuelo Adeodato fue destinado a Asmara, África, como gobernador y jefe del ejército italiano, pero a principios de la guerra, fue capturado por los ingleses y fue mandado a un campo de concentración en la India. Estuvo preso durante 5 largos años. Sus narraciones de los malos tratos y de las torturas que tuvo que soportar, además de ver cómo sus hombres fueron ultrajados, torturados y dejados morir por falta de cuidado médico y una pobre alimentación, dejaron una mella en su personalidad. Al volver a Italia, postuló a la presidencia de la República, pero no tuvo mucha suerte. Se dedicó a ser abogado. Más de una vez sufrí su peculiar estilo de disciplina, pero, aun así, recuerdo con gran cariño y con añoranza esos años vividos allí.

Con el pasar de los años, mi padre se casó con una gran mujer, Frances Hiddema, y vinieron a recogernos para volver a Bolivia. El momento de la despedida fue traumático para los tres. Pablo era pequeño todavía y muy apegado a mi abuela. Érica y yo miramos con cierta desconfianza a la nueva esposa de nuestro padre. Estábamos acostumbrados al calor del cariño de los abuelos italianos y ella, en comparación, era fría y sin las expresiones cariñosas a las que estábamos acostumbrados. Mi abuelo había intentado legalmente impedir que nuestro padre nos llevara, pero todo fue en vano.

Salimos del puerto de Génova en la nave Federico Costa. Tardamos 21 días para cruzar el océano Atlántico. Llegamos a Buenos Aires, y después de unos días, tomamos el tren hacia La Paz, Bolivia. Once días en un tren sin muchas comodidades, fue una experiencia única. Una de las cosas que recuerdo de ese viaje fue que antes de llegar a la ciudad de Tupiza, hubo un derrumbe, y los rieles estaban cubiertos de barro y piedras, entonces los pasajeros bajamos para limpiarlos para así poder seguir con el viaje. Subir a más de 4 mil metros de altura para llegar a la ciudad de La Paz fue otra aventura. Recuerdo que el cristal del reloj de mi padre, por el cambio de presión atmosférica, saltó del reloj cayendo al suelo. La pluma que mi padre tenía en el bolsillo de su camisa comenzó a perder la tinta, manchándola.

En la estación de trenes de La Paz estaba el misionero David Grams, esperándonos. Su esposa se llamaba Betty Jane y tenían tres hijos: MonaRé, Rocky y Raquel. Ellos se fueron a los Estados Unidos y nosotros nos quedamos en su casa en la calle República Dominicana 321, en el barrio de Miraflores.

Pocos meses después, contraje tuberculosis a los pulmones. Escupía sangre y tenía una tos constante y una fiebre muy alta. Cuando me hicieron las radiografías, se pudo comprobar que mis pulmones tenían agujeros del tamaño de una pelota de tenis. Quedé en cuarentena en mi habitación. Nadie podía acercarse por temor al contagio.

Mis padres estaban desesperados, intentando de alguna manera hallar algo que me salvara la vida. Encerrado en mi habitación, sentí en mi corazón que, si me bautizaba en aguas, Dios me sanaría. Le dije a mi papá que quería ser bautizado. Él trató de disuadirme por temor al agua fría, pero tanto insistí, que finalmente accedió. Me llevaron al Centro Evangelístico en la calle Alto de la Alianza. Pablo Hoff era el pastor. Llenaron el bautisterio con agua caliente, me vistieron con varias capas de ropa y me ayudaron a entrar en el agua. Pablo Hoff y mi papá impusieron manos y oraron por mi sanidad. ¡Cuando salí del agua, estaba totalmente sano! Días después me hicieron radiografías, y no aparecían los agujeros ni cicatrices. Esa fue mi segunda gran experiencia con Jehová Rapha, mi sanador divino. Durante 2 años, cada seis meses, me hicieron radiografías de los pulmones y nunca más apareció la tuberculosis.

Me habían dicho que no podía hacer ejercicios y que nunca iba a poder jugar al fútbol. Pocos meses después era parte de un equipo de fútbol, jugando a 3.600 metros de altura, sin ningún problema, y era parte del equipo de atletismo de mi escuela, corriendo los 100 metros planos. Dios hizo el milagro.

CAPÍTULO 3

En el otoño de 1966, Che Guevara llegó a Bolivia. No tenía su larga cabellera ni su barba y se infiltró en la zona de Santa Cruz. Su idea era convencer a jóvenes para empezar una guerra de guerrillas en contra del gobierno y algunos de mis amigos se unieron a sus filas. Al principio tuvo éxito y su fama se extendió entre los universitarios.

Él había estado en Bolivia en un viaje previo en 1953, en plena revolución que empezó el año 1952. Como resultado de esa revolución, mis abuelos maternos perdieron sus propiedades por el decreto firmado en Ucureña (Cochabamba), debido a la famosa Reforma Agraria y ese fue el principio de la ruina financiera de mi familia.

Mis abuelos habían comprado extensas propiedades y tenían centenares de caballos, vacas y plantaciones diferentes. Aunque trataron de salvar propiedades, solo pudieron quedarse con una finca, Santo Rosario, y un terreno cerca del aeropuerto de El Trompillo, una propiedad que tenía una linda cancha de tenis además de una piscina. Todo lo demás fue confiscado por el gobierno del presidente Víctor Paz Estensoro (que Dios lo tenga en fuego lento). Mis abuelos nunca pudieron recuperarse de esa pérdida.

Catorce años después, Che Guevara vuelve a Bolivia para comenzar otra revolución con el objetivo de establecer un gobierno similar al cubano. El discurso del "Che" era convincente y atractivo. Las promesas de un gran futuro, mucho mejor que el presente, y su gran carisma hacían que la juventud del momento lo escuchara con gran atención.

El gobierno del presidente René Barrientos Ortuño reaccionó con dureza y dio la orden al ejército de no hacer prisioneros. Eran ejecutados donde los encontraran, y nadie supo dónde los enterraron. Así fue como un buen amigo y compañero del equipo de fútbol desapareció y nunca lo encontraron, y eso me marcó profundamente. No solamente me perseguía el pensamiento del horror de una muerte violenta, sino que también me perseguía la culpabilidad de no haber compartido el evangelio con él. Esos días fueron muy duros para mí y esto me empujó a que buscara más a Dios.

Quería ministrar a los jóvenes y no estaba satisfecho con la forma en que mi papá pastoreaba el Centro Evangelístico en la calle Alto de la Alianza 100. Cierta noche fría de invierno, mi papá no dejó entrar al culto a una joven señorita que vestía pantalones. En ese entonces, las mujeres no podían vestir pantalones para ir a la iglesia. Yo salí a defender a esa joven y entré en una discusión acalorada con mi padre. Finalmente, él dijo: "Si no te gusta como pastoreo esta iglesia, abre *tú* una iglesia a tu pinta". Esa frase me persiguió por varias semanas y tomé ese desafío en forma personal.

Encontré un local en la calle Pedro Domingo Murillo, que había sido una carnicería, y con la ayuda de Edgar García y David Villarroel, dos jóvenes del Centro Evangelístico, limpiamos el local y lo pintamos. No teníamos bancas ni sillas, así que decidimos "prestarnos" unas bancas del Centro Evangelístico y reacomodamos las que quedaron y por mucho tiempo mi papá no se dio cuenta de que faltaban algunas.

Edgar era bueno con la guitarra y sabía imitar muy bien al cantante del momento: Rafael. Él se encargaba de la música mientras que David y yo nos turnábamos con la predicación.

Meses después mi papá supo de la iglesia y ante mi enorme sorpresa, estaba muy satisfecho, cosa que yo no pensaba que fuera a suceder, y nos ayudó, especialmente en pagar el arriendo ya que entre los tres teníamos que conseguirnos de alguna manera el dinero. Dios tuvo misericordia de nosotros y la iglesia creció. Cuando tuve que viajar con mis padres a los Estados Unidos, dejé la iglesia un pastor peruano: Daniel Támara, quien años después fue el superintendente del distrito hispano de las Asambleas de Dios en los Estados Unidos.

Finalmente, la revolución del "Che" Guevara fracasó y fue arrinconado y ejecutado en La Higuera. Entre los que estuvieron presentes se hallaba un buen amigo de la familia: Freddy Alborta. Junto con su hermano Johnny tenían un estudio fotográfico, Foto Capri, en el Prado, en la ciudad de La Paz. Ambos eran buenos amigos de mis padres, como también amigos nuestros. En ocasiones, almorzábamos juntos y ellos se encargaban de revelar nuestras películas e imprimir nuestras fotos. De hecho, los primeros retratos de nuestro hijo Bruno los hicimos en su estudio.

Como dije, Freddy estaba presente cuando el "Che" fue ejecutado. Él fue el único que fotografió al "Che" herido y luego muerto. Por esas fotos, Freddy recibió el premio Pulitzer de ese año. Yo tengo en mi poder las fotos originales del "Che" con la firma de Freddy Alborta.

CAPÍTULO 4

Bolivia sufría de inestabilidad política y viví momentos inolvidables con varios golpes de Estado y revoluciones. Nosotros vivíamos al frente del hermano del presidente de turno. Una noche vino para pedirnos un favor: si podíamos esconder en nuestra casa cuatro maletas muy pesadas. Mi papá tenía cierta amistad con él, así que accedió. Intentamos pensar dónde esconderlas para que nadie las pudiera encontrar y se me ocurrió que podíamos envolverlas en plástico y sumergirlas en el estanque de agua que teníamos en la propiedad. Era profundo y difícil de acceder. Esa misma noche las envolvimos y las sumergimos.

Pasaron varias semanas, toda la familia se fue a Santa Cruz de vacaciones y me dejaron solo para vigilar la casa. Uno de esos días hubo un golpe de Estado. En un momento dado, un avión Mustang de la fuerza aérea boliviana sobrevoló la zona donde vivíamos y, una vez que identificó la casa del vecino, hizo un vuelo rasante disparando su ametralladora. Treinta y seis balas impactaron nuestra casa, perforando el techo. Yo me escondí debajo del escritorio de mi padre y me armé con un fusil Winchester calibre 30.06, listo para defender la casa y, sobre todo, mi vida. Cuando ametrallaron la casa, en mi nerviosismo, apreté el gatillo y una bala perforó el escritorio de mi padre, traspasó al segundo piso perforando el piso del dormitorio de mi hermana, la cama de mi hermana y también el techo. Cuando mis padres regresaron, no podía ocultar lo que había sucedido y tuve que confesar. Para mi sorpresa, lo tomaron con tranquilidad. Yo apenas había cumplido 15 años.

Cuando las cosas se tranquilizaron, los vecinos vinieron a recoger sus maletas. En esa ocasión me tocó sumergirme y levantarlas para rescatarlas. Nunca supe lo que contenían, aunque sospecho que no era ropa.

En ese golpe de Estado pude ver los cadáveres amontonados en las veredas, esperando a los camiones que los recogieran para enterrarlos. Esas muertes no me causaron gran impacto, tal vez porque eran personas desconocidas.

CAPÍTULO 5

En 1967 mis padres tuvieron que ir a los Estados Unidos para visitar iglesias y recaudar fondos para la misión en Bolivia. Nos mudamos a Ventnor, Nueva Jersey, donde había departamentos para misioneros. Ventnor es un suburbio de la ciudad de Atlantic City. Era un lugar muy hermoso, a dos cuadras del famoso Boardwalk sobre el océano Atlántico. El Boardwalk es un paseo de unos 8 kilómetros de largo, construido por primera vez en el año 1870. Por un lado, está la playa sobre el océano Atlántico y, por el otro lado, se encuentran hoteles, restaurantes y tiendas mayormente para turistas. Es un paseo muy hermoso y miles de turistas van anualmente para ver las atracciones y disfrutar de las playas. El edificio en Ventnor en el que vivimos tenía 36 departamentos.

En ese lugar conocí a misioneros de diferentes países. Los jóvenes nos juntábamos para ver algún programa en la televisión o simplemente para contar anécdotas del país de donde veníamos. Había dos hermanas que venían de Brasil que fueron las más populares entre los jóvenes y, a decir la verdad, eran muy atractivas. Allí conocí a Steve Byler, de mi edad, hijo de misioneros en la Argentina. Sus padres eran chapados a la antigua. Habían sido misioneros durante tantos años, que no se hallaban "en casa" en su propio país. Su papá tocaba el bandoneón tan bien como cualquier profesional y era amante de los tangos. Steve tenía una hermana casada que vivía en alguna ciudad lejana y solo la vi una vez cuando vino a visitar a sus padres. También tenía un hermano, David, que era mayor que Steve por 2 años. Era muy extrovertido y popular con las chicas. Vestía siempre una chaqueta de cuero apretada y montaba una moto de alta cilindrada.

Steve y yo nos hicimos buenos amigos. Ambos éramos amantes del fútbol, aunque él era hincha del Boca Jr. mientras que yo era, y soy, de River Plate. Además, íbamos a la misma escuela secundaria en Atlantic City. Yo iba todos los días en mi bicicleta, recorriendo el Boardwalk, disfrutando del panorama y de la brisa marina.

La escuela era un edificio antiguo de varios pisos, donde miles de estudiantes nos reuníamos. La gran mayoría eran jóvenes de color y había un conflicto continuo entre las razas, tanto es así que, para ir al baño, yo tenía que ir acompañado de un guardia armado. A la salida de clases, los "blancos" salíamos antes que los demás para darnos algo de ventaja.

Varias cosas sucedieron en esos 2 años. Lo primero fue que vi un anuncio de la Universidad de Yale que ofrecía becas para aquellos que querían estudiar música clásica. La escuela era una sucursal de la universidad y cuatro horas a la semana una profesora venía desde Nueva York a dar clases. Era una mujer muy intensa, amante de la música clásica, delgada y con canas.

En un arrebato, sin pensarlo mucho, fui a dar el examen para ver si podía conseguir esa beca y, para mi sorpresa, saqué suficiente puntaje para ser uno de los pocos que podían asistir a esas clases que eran muy exigentes. Mis compañeros eran todos más adelantados que yo. Sin embargo, lo disfruté mucho porque, además, me daba entrada gratuita a los conciertos y, en especial, para el Kennedy Center en Nueva York. Disfruté de varios conciertos y óperas sin tener que pagar los precios exorbitantes que otros pagaban. Para el examen final tuve que componer un trozo musical y como yo no tocaba un instrumento clásico, yo tocaba el saxo, tuve que recurrir a mi hermana Érica para que ella me ayudara con el piano.

Los otros estudiantes eran todos parte del mundo de la música. Uno de mis compañeros era el suplente de la obra teatral del momento: *Don Quijote de la Mancha.* Yo era el que menos tenía que ofrecer, pero todos me trataron con dignidad y con mucho cariño. Me encantó desmenuzar la quinta sinfonía de Beethoven. Aprobé el curso y me renovaron la beca un año más, pero no lo acepté porque requería tomar cursos presenciales en el campus de la universidad, lo que me alejaba de mis estudios y de la familia.

Otro hecho llamativo fue el asesinato de Martin Luther King. Eso fue el 4 de abril de 1968. En la escuela ya había problemas raciales. Con su muerte, los problemas fueron aún mayores. Recuerdo entrar en la cafetería y ver las sillas y mesas destruidas, las ventanas sin vidrio y grafiti en las paredes. Durante varios días se suspendieron las clases. Eran días difíciles.

Por otro lado, la guerra en Vietnam vivía su momento más crítico y muchos americanos estaban en contra de mandar más jóvenes al campo de batalla. Surgieron muchos movimientos pacifistas y manifestaciones en diferentes ciudades. El número de soldados americanos muertos en acción era cada vez más elevado. En varias casas se veían las banderas a media asta indicando que algún familiar había fallecido en acción.

Como si todo lo que estaba sucediendo fuera poco, apareció una profecía que decía que el fin del mundo iba a suceder en el año 1968. No recuerdo la fecha exacta, pero era durante la hora del almuerzo. Asustados, muchos no comieron en la cafetería de la escuela. Steve y yo nos sentamos a comer mientras nos burlábamos de los que tenían miedo. Recuerdo haber comido los helados de varios compañeros.

También en lo espiritual eran momentos de gran turbulencia. David Wilkerson había aparecido en la escena no solamente con su libro *La Cruz y el Puñal* y con centros de rehabilitación "Teen Challenge", sino también con su acérrima defensa del bautismo en el Espíritu Santo. Los pentecostales no eran muy bien vistos.

En esos días apareció Jim Jones, un predicador muy carismático, que arrastraba a miles de personas. Por alguna razón, después de comenzar bien en la Palabra, se alejó de ella predicando un evangelio falso. Finalmente, cerca de mil de sus seguidores cometieron suicidio colectivo en Guyana, juntamente con él.

Los debates de temas espirituales eran muy acalorados en la escuela. Una compañera, rubia, de ojos azules, cierto día me debatió acerca de la existencia del alma. Después de debatir largamente, le ofrecí 20 dólares por su alma y ella aceptó y firmó un documento en el cual me cedía su alma por esa cantidad. Pensó que había hecho un buen negocio y se burló de mí. Pasaron unas dos semanas y ella me buscó pidiendo que le devolviera su alma. Me dijo que no había podido dormir tranquila desde que me la había vendido. Obviamente yo se la devolví y ella me devolvió mis 20 dólares. Ahora ella cree que tiene alma.

Cansados del ambiente en esa escuela, Steve y yo decidimos que íbamos a escapar de clases un par de días a la semana. Hallamos una puerta que no estaba cerrada con llave en el sótano de la escuela. Podíamos dejar nuestros libros escondidos allí y salir en forma desapercibida. Íbamos al cine, a jugar billar o simplemente a caminar por el Boardwalk o estar en la playa tomando el sol, hablando de nuestros proyectos para el futuro. Ninguno de los dos pensábamos estar en el ministerio. Yo pensaba ser piloto y conseguir un buen empleo en una línea aérea internacional. Steve, en cambio, quería volver a la Argentina y empezar algún negocio.

En el verano de 1967 encontramos nuestro primer empleo. Era en un hotel sobre el Boardwalk. Steve trabajó en la recepción y yo trabajaba durante el día en el estacionamiento público, propiedad del mismo hotel. Cuando recibí mi primer salario, mi papá enmarcó el primer dólar que yo gané trabajando. Todavía lo tengo en mi poder.

David, el hermano de Steve, decidió que iba a recorrer la carretera panamericana desde Nueva York hasta Buenos Aires en su moto. Me despedí de él con cierta envidia. A mí también me gustaban las motos y eso de recorrer todo el continente americano era muy atractivo. Semanas después, llegó la triste noticia de que David había chocado con un camión en Guatemala y que había perdido la vida.

Esa muerte me conmovió mucho. Ver a Steve y a sus padres sufrir y tener que viajar con la triste misión de recoger lo que quedaba de su hermano, me marcó mucho y, por un buen tiempo, podía imaginar a David en el pavimento, desangrándose.

Hasta hoy siento mucha tristeza.

CAPÍTULO 7

El año 1969 fue muy especial para mí. Me gradué de secundaria en Bolivia y decidí ir a los Estados Unidos a estudiar en una universidad en Texas.

Para ese entonces ya sentía el llamado a predicar el evangelio y, sin saber mucho inglés, con una Biblia Scoffield que mi padre me regaló y $150 en el bolsillo, dejé la familia y mis amigos. Por un lado, fue una despedida triste y difícil porque estaba viajando solo hacia lo desconocido, pero, por otro lado, sentía la euforia de empezar una gran aventura.

Nunca había estado en Texas. El avión de Aeroperú hizo una escala en Lima, Perú, y tuve que pernoctar en el hotel Savoy para continuar al día siguiente con mi viaje, pero cuando llegué al aeropuerto, descubrí que, por alguna razón, no tenía la reserva hecha para ese día sino para el siguiente. Tuve que volver al hotel y pasar otra noche más en Lima. Gracias a Dios que la línea aérea cubrió los gastos de mi estadía en el hotel.

Llegué a Dallas y la persona que me tenía que recoger no estaba al tanto de mi llegada. Mis padres olvidaron confirmar mi viaje. Finalmente, pude conectar con él y unas horas después me recogió para llevarme a una pequeña ciudad con un nombre muy extraño: Waxahachie, donde está la universidad. En ese entonces, Waxahachie era una ciudad pequeña, con pocos negocios y restaurantes. Hoy es una ciudad llena de vida.

Yo no tenía idea de lo que era asistir a una universidad americana. Para mí, vivir en un dormitorio y compartir la habitación con otros era algo nuevo. Fue un gran ajuste ya que estaba acostumbrado a tener mi propio dormitorio y no tener que compartir mi vida con nadie. Lo que más me costó fue acostumbrarme a las duchas abiertas donde varios a la vez podían bañarse sin ninguna privacidad. Opté por ducharme muy tarde en la noche cuando nadie las estaba usando. Aunque aclaro que en el año 1969 no se hablaba de los homosexuales y no se esperaba que hubiera algún estudiante con esa tendencia en una universidad cristiana. Otra gran sorpresa fue descubrir que necesitaba sábanas, toallas y almohadas para mi cama ya que la universidad solo proveía un colchón más o menos nuevo.

Afortunadamente T. O. Johnston y su familia, quienes fueron misioneros en Oruro, Bolivia, vivían en Waxahachie y ellos me proveyeron con lo básico. Gary Jones fue mi primer compañero de cuarto, un joven muy amable y paciente conmigo, y él me ayudó a integrarme en la vida universitaria. Con los años, Gary fue progresando en el ministerio y fue elegido superintendente del distrito hispano de Texas. De alguna forma sobreviví el primer año de universidad. Encontré un empleo limpiando baños y lustrando los pisos de un centro médico, ya que mis padres no tenían finanzas suficientes para ayudarme. La primera Navidad la tuve que pasar solo. Todos los estudiantes se fueron a sus casas, pero yo no podía volver a Bolivia. Recuerdo que el Dr. Don Paul Gray, quien era el encargado del dormitorio donde yo estaba, dejó la calefacción prendida para que yo no pasara frío. Esas Navidades fueron blancas por la nieve que cayó. El tener el dormitorio todo para mí fue un deleite. Tenía que preparar mi propia comida ya que el comedor estaba cerrado. Fue entonces cuando aprendí a comer sardinas en lata.

Debo admitir que disfruté esas semanas de soledad. El silencio, el poder escoger el programa de televisión que quería sin tener que consultar con nadie en el living del dormitorio, el disfrutar de largas duchas solo, fue de mucho agrado. Pude trabajar doble turno en mi nuevo empleo en una fábrica de ventanas para barcos, lo que me permitió ahorrar suficiente dinero para pagar todo el semestre por adelantado. Mi inglés había mejorado algo, aunque hablaba a lo John Wayne, ya que miraba películas de *cowboys* para aprender el idioma.

Ese verano pude regresar a Bolivia para pasar mis vacaciones en casa. Era cuando el mundial de fútbol se llevó a cabo en México. En ese entonces Brasil tenía un equipo extraordinario, con Pelé en su mejor momento, y ganaron la final ante Italia, 4-1. Era un equipo de lujo: Carlos Alberto, Rivelino, Gerson, Tostao y otros más. Italia tenía también un buen equipo, pero no fue suficientemente bueno como para quitarle la copa a Brasil. Recuerdo claramente ese mundial porque fue el año en el que la televisión llegó en todo su esplendor a Bolivia y pude ver varios de esos partidos.

Esos meses de "vacaciones" fueron intensos porque ayudé a mis padres enseñando en el Instituto Bíblico, IBADA, que se hallaba en el Alto La Paz, a 4 mil metros sobre el nivel del mar, cerca del aeropuerto. Todos los días montaba mi moto y cruzaba toda la ciudad de La Paz, desde Calacoto hasta el Alto La Paz, un trayecto de no menos de una hora ya que es todo el camino cuesta arriba y hacía mucho frío.

También acompañé a mis padres al valle de Luribay para enseñar a los pastores y obreros temas básicos de doctrina y de teología. Mis padres tenían una casa rodante, en la que vivimos esos 14 días.

Entre otras cosas, yo tenía que enseñar al pastor Agapito Cuellar a conducir una motocicleta. Era una Honda 90, automática, que mis padres habían comprado para obsequiarle a Agapito ya que tenía a su cargo varias iglesias y debía desplazarse de una a otra, usualmente a pie o a caballo. Era una moto pequeña, de color amarillo. Después de varios días de enseñarle a usar la moto, pensando que había aprendido a manejarla, me senté en el asiento de atrás y le pedí que me llevara unos cuantos kilómetros por la carretera. Era una carretera típica de montaña, con un profundo precipicio por un lado y la montaña por el otro. Todo iba bien hasta que se asustó por una curva y saltó de la moto en movimiento. Yo intenté frenar la moto desde el asiento trasero, pero no pude llegar al freno a tiempo y, junto con la moto, salté en el aire cayendo en ese precipicio. Sentí gran paz y serenidad y me dejé llevar por la caída rodando hasta el fondo, más de cien metros, hasta llegar al río. La moto me golpeó la espalda y la cabeza varias veces. No sé cómo, mi chaqueta pasó por encima de mi cabeza y me cubrió la cara, protegiéndola. Cuando llegué al fondo del precipicio, la moto seguía acelerada, dando vueltas sobre su costado izquierdo. Pude apagarla y, con mucha dificultad, trepé hasta la carretera. No tenía heridas graves, solo muchas espinas en todo mi cuerpo. ¡Realmente un milagro de Dios! Encontré a Agapito inconsciente, con la clavícula fracturada. Lo acomodé contra la montaña y paré un camión para que me llevara de vuelta a la iglesia donde estaban mis padres enseñando. Cuando mi madrasta me vio, casi se desmaya. De inmediato los estudiantes salieron para ayudar a Agapito y rescatar la moto.

Con mucha paciencia y unas pinzas, mi madrasta sacó más de cien espinas de mi cuerpo. Eran muchas y dolorosas. Ella esperaba que yo entrara en *shock*, pero no tuve ninguna reacción. Agapito Cuellar terminó varios días en un hospital y no quiso saber nada con la moto.

Terminadas las vacaciones, regresé a Waxahachie. El año anterior la universidad estaba llena de estudiantes debido a que, si no estudiaban, tenían que ir obligados al servicio militar, lo que suponía ir a Vietnam. Cuando se instauró el sistema de sorteo por fechas de nacimiento para el servicio militar obligatorio, una buena cantidad de estudiantes se fueron de la universidad. Mi número de la "lotería" fue 285, lo que significó que no me iba a tocar hacer el servicio militar. Otros no tuvieron tan buena suerte.

Yo estaba concentrado en mis estudios y mi trabajo. En ese entonces descargaba camiones y vagones de trenes para Sears, una cadena de tiendas muy popular en esos años. No tenía ningún interés en vida social y mucho menos en salir con chicas, pero eso cambió el día que vi a Sharon Spencer por primera vez. Hija de misioneros en Nicaragua, tenía una cara hermosa, con cabello largo que le llegaba a la cintura, esbelta. Era llena de vida, extrovertida.

En mi afán de conocerla mejor, averigüé cuáles eran sus actividades. Ella asistía a la iglesia de habla hispana y, por consiguiente, yo comencé a asistir a esa misma iglesia.

Sharon era parte del equipo de evangelismo personal que iba casa por casa a testificar. Descubrí que el encargado de ese ministerio era un mexicano que se llamaba Margarito López. Hablé con él y lo convencí, con un billete de 20 dólares, de que me inscribiera y me pusiera como parte del equipo de ella. La idea era ir de dos en dos, un chico y una chica, y Sharon y yo hicimos pareja. Eso de ir casa por casa testificando era un suplicio para mí. Ella tomó una vereda y yo la otra. En la primera casa que me tocaba no había nadie. La segunda, también estaba vacía y yo estaba muy feliz. Desgraciadamente, en la cuarta casa, una enorme señora con ruleros en el pelo y un cigarro en la boca me abrió la puerta. Se me congeló la sangre y todo lo que pude decir, tartamudeando, fue: "¿Me permite usar su baño?" y su respuesta fue un rotundo y sonoro "¡No!". Mientras tanto, Sharon ya había testificado y orado por varias familias. Me di cuenta de que esto del evangelismo personal no iba a funcionar.

Unas semanas después, una de las iglesias de la ciudad tenía una actividad para los jóvenes y supe que ella iba a participar, así que yo me inscribí también. Esa actividad consistía en un paseo en un carro lleno de heno tirado por un tractor y luego una visita al lago, comida, cantos y un devocional. Me senté a su lado, aunque soy alérgico al heno, y sentirla cerca era una sensación extraordinaria. Eso me dio el coraje para invitarla a salir.

Había conseguido el auto de uno de mis compañeros de dormitorio y tenía planificado ir a un buen restaurante. Pocos minutos antes de la cita, el dueño del auto me dijo que lo tenía que usar y que no me lo podía prestar. Cuando fui al dormitorio de las chicas donde Sharon me estaba esperando, le conté lo que había sucedido. Ella no le dio mucha importancia y decidimos salir a caminar por Waxahachie. No sé muy bien cómo llegamos al viejo cementerio. Caminamos entre las tumbas, leímos las lápidas. Ella me contó que iba al cementerio en Managua para testificar a las personas. Yo le conté que había ido a ver el cementerio de Re di Puglia en Italia, que en realidad es el campo de batalla de la Primera Guerra Mundial, con las trincheras, cañones y ametralladoras de la época.

Mientras caminábamos y hablábamos, repentinamente algo se movió entre las hojas de los árboles que estaban en el suelo y Sharon se sobresaltó. Le sugerí que sería bueno que le tomara la mano, para protegerla de los ataques de ese enemigo invisible. Ella accedió con la advertencia de que cuando saliéramos del cementerio, tenía que soltar su mano.

Caminamos varios minutos en silencio. Yo disfrutaba de poder tener su mano en mi mano. Era una mano de piel suave, uñas bien cuidadas. Era del tamaño perfecto; cabía en mi mano. Era como si hubiera sido hecha a medida para la mía.

Podía oler su perfume y ver el perfil de su cara en el atardecer. Una nariz perfecta, ojos grandes y expresivos. Sus labios parecían haber sido pintados en una cara de proporciones correctas. Me encantaba su sonrisa, su pelo largo que cubría sus hombros, llegando a su cintura. Ágil al caminar. Su voz me causaba una paz que no había experimentado antes; era como un aceite que callaba los gritos de mi corazón, y por primera vez en la vida, sentí que los dolores de mi alma desaparecían. “Puedo ser feliz al lado de esta mujer”, pensé. Demasiado pronto llegamos a la salida del cementerio y cumplí con mi palabra, con desgano, solté su mano.

Los próximos meses fueron un torbellino. Compartimos algunas clases. Salíamos las veces que podíamos a cenar o a pasear. Al frente de la universidad había una pizzería que terminó siendo nuestro lugar preferido. No solo las pizzas eran deliciosas, sino que los dueños eran amigos nuestros y nos atendían con mucha deferencia.

El 15 de abril de 1971 fuimos a un concierto en el auditorio de la universidad y, luego, caminando por el campus, bajo la luz de la luna, ella me besó apasionadamente. La miré a los ojos e impulsivamente le pedí matrimonio. Ella pensó en un principio que estaba bromeando, pero cuando se dio cuenta de que hablaba en serio, se asustó y me rechazó. Cabizbajo volví a mi habitación, pero no me rendí. Los siguientes días la busqué y volvimos a salir. Ella estaba más seria. Me dijo que iba a visitar a su hermana, Vangie, quien vivía en Nueva York, y que al regreso hablaríamos. Si bien recuerdo, se fue por una semana.

Esos días tuve tiempo para meditar y orar. Finalmente, en oración entregué a Sharon al Señor. Que sea hecha Su voluntad. Si ella no era la mujer con quien yo tenía que compartir mi vida, pues nada: yo la puse sobre el altar, recordando el momento en el que Abraham puso a quien más amaba en el altar.

Finalmente llegó el día de su retorno a Texas y fui a recogerla al aeropuerto. Vestía un vestido verde y blanco, estilo escocés. Se veía preciosa con su pelo al viento. Fuimos a un parque a pasear y ella me contó que había hablado con Vangie y que ella le había dado algunos consejos. Esos días de separación habían sido buenos para Sharon y volvió con la decisión tomada de aceptar ser mi esposa. Nos abrazamos y besamos. Ella tenía lágrimas que mojaban sus mejillas y las mías.

Decidimos que yo tenía que llamar a los padres de Sharon que vivían en Managua para pedir la mano de su hija. En ese entonces, las conexiones internacionales no eran muy rápidas, pero finalmente conectamos con Managua. David Spencer, hermano de Sharon, y su esposa Bonnie estaban en la habitación cuando la llamada entró. Por pudor, salieron de la sala, cerraron la puerta y se pusieron a escuchar desde fuera la conversación. Me contestó el papá, Lewie Spencer. Fue muy amable al teléfono. Cuando le pedí la mano de su hija, me contestó: "¡Por supuesto!". Esa respuesta me llamó la atención porque no me preguntó quién era, qué planes tenía, con qué iba a mantener a su hija. La rapidez con la que aceptó entregarme su hija me dejó perplejo. Pensé que tal vez había algo mal con Sharon. No sé, tal vez era calva y usaba una peluca o esos dientes no eran suyos.

Al finalizar el semestre, en mayo de 1971, Sharon me anunció que iba a pasar el verano en Nicaragua con sus padres. Era la última oportunidad para estar con ellos, de soltera. Fueron ocho semanas muy largas para mí. Me quedé en Waxahachie y conseguí un empleo reciclando aceite de autos. Un trabajo pesado, a pleno sol. Regresaba a casa cubierto de aceite.

Nos escribíamos todos los días y todavía tenemos toda esa correspondencia guardada bajo siete llaves.

Cuando finalmente regresó a Texas, fue como salir a la superficie después de haber estado conteniendo el aliento por mucho tiempo bajo agua. Los siguientes meses fueron muy intensos. Los estudios, los preparativos para la boda y coordinar los viajes de nuestros padres a Texas.

Abrumados por los detalles y los gastos, hablábamos de darnos a la fuga. Yo, feliz con la idea, pero lo pensamos y decidimos que queríamos hacer las cosas bien. La boda sería el 18 de diciembre, en la iglesia de las Asambleas de Dios en Waxahachie.

Al escribir estas líneas, estamos a pocas semanas de cumplir 51 años felices en nuestro matrimonio. Si cuando nos casamos yo me sentía feliz, hoy me siento mucho más.

Mis padres vinieron desde Bolivia y los padres de Sharon, desde Nicaragua. Vangie vino de Nueva York junto con su esposo, Daniel Mercaldo y sus dos hijos, Tim y Debbie. David Spencer, también desde Nicaragua junto con Starlene, la hermana menor de Sharon. Fue una boda pequeña, ya que no teníamos mucho dinero y nuestros padres no podían ayudarnos. Pudimos ofrecer unos canapés y alguna bebida, pero no pudimos ofrecer una cena a las menos de cien personas que invitamos.

Ambos padres participaron en la ceremonia. En el momento de los votos, Sharon me sorprendió cuando cantó: "Donde tú vayas, yo iré. Tu pueblo será mi pueblo. Tu Dios será mi Dios". Yo no estaba preparado para algo así. Me conmovió hasta lo más íntimo de mi alma. Cuando llegó el momento del intercambio de anillos, descubrimos que Sharon se había olvidado del mío. Mi papá, disimuladamente se quitó el suyo y sin que nadie se diera cuenta, se lo dio a Sharon y ella, a su vez, me lo puso en mi dedo anular.

Cuando vi a Sharon caminar por el pasillo de la iglesia, con su rostro radiante, vestida de blanco, orgullosa de que el color de su vestido simbolizaba la pureza de su vida, se me hizo un nudo en la garganta. Jamás he visto una novia más hermosa que Sharon. Me miró con una sonrisa pícara e intentaba hablarme durante la ceremonia. No pude hacer otra cosa que agradecer a Dios por tanta bendición. Me casé con mi mejor amiga. La noche de boda nos dimos cuenta de que Sharon había olvidado sus zapatos de calle y su pijama, pero eso no impidió que tuviéramos una noche inolvidable.

Alquilamos un pequeño departamento, sobre un garaje de autos, con un dormitorio, baño, cocina-comedor. No era mucho, pero era suficiente. Esa fue nuestra primera casa. Conseguí un trabajo repartiendo periódicos en la zona "negra" de la ciudad de Waxahachie y Sharon y yo trabajamos juntos. Los domingos nos levantábamos a las 3 de la mañana para doblar 700 periódicos y repartirlos antes de las seis de la mañana, y luego nos preparábamos para ir a la iglesia. ¡Qué momentos tan felices! Ese trabajo nos permitía seguir estudiando y ambos nos graduamos de la universidad en el año 1972, sin tener deuda alguna. Dios proveyó siempre.

El año siguiente, para celebrar nuestro primer aniversario, decidimos ir a Nicaragua y pasar la Navidad con la familia Spencer. En ese entonces teníamos un pequeño Volkswagen "cucaracha" y fuimos por tierra desde Waxahachie hasta Managua, lo que significaba varios días de viaje a través de México, Guatemala, El Salvador y Honduras, hasta llegar a Nicaragua.

El 18 de diciembre celebramos nuestro primer aniversario de bodas en el único hotel disponible en Veracruz, México. Tuvimos que compartir la habitación con mi cuñada Bonnie y mi hermana Érica, y recuerdo que ese hotel era tan malo que en vez de camas tenía catres. Érica y Bonnie compartieron un catre mientras Sharon y yo compartimos el otro. Claramente, no fue un aniversario muy romántico. Debo agregar que esa habitación no tenía baño propio, sino que debíamos compartir uno con varios pasajeros al final del pasillo.

Seguimos nuestro viaje hacia Managua, llegando la noche del 23 de diciembre de 1972 y encontramos las calles engalanadas con las luces navideñas y un ambiente festivo. Mucha gente en las calles disfrutando de las luces de colores y se oía música alegre por donde uno iba. Cruzando la plaza principal, donde estaba la catedral, el famoso grupo musical "Los Ángeles Negros" iba a dar un concierto y ya se veía a los fanáticos haciendo cola para entrar en el auditorio. Los padres de Sharon tenían una hermosa y espaciosa casa en las afueras de la ciudad y desde el balcón se podían ver las luces de Managua, contrastando con la intensa oscuridad de la noche. Después de una abundante cena, nos mostraron nuestra habitación en el primer piso. Nada nos hacía presagiar lo que iba a suceder esa noche. Nos acostamos, agotados, a eso de las 22:30. Dos horas después, Managua sufrió uno de los mayores terremotos de su historia. Fue un terrorífico 6.3, en una ciudad que no estaba preparada para terremotos tan fuertes.

Sabiendo que Nicaragua era una nación telúrica, mis suegros construyeron su casa con refuerzos de hierro, lo que impidió que la casa cayera por el terremoto y simplemente se desplazó unos 5 centímetros de donde había sido edificada originalmente.

Tuve que destruir la puerta de nuestra habitación a patadas para que Sharon yo pudiéramos salir. El portón de la casa estaba abierto de par en par a pesar de que mi suegro lo había cerrado y asegurado con un fuerte candado. Recuerdo que la lámpara en la sala de estar del segundo piso se movía con tanta violencia que golpeaba el techo del comedor hasta hacerse trizas.

Cuando salimos, nos dimos cuenta de que mis suegros todavía estaban en la casa, así que volví a entrar para buscarlos. Encontré a mi suegro en estado de *shock* peinándose en el baño, a oscuras; y a mi suegra, también en estado de *shock*, buscando sus zapatillas. Como pude, conseguí que salieran de la casa, que no paraba de temblar. Volví a entrar y me encontré con mi cuñada, Starlene, una amiga suya, mi hermana Érica y mi sobrina Melody. Estaban todas debajo del marco de una puerta y no se querían mover. Tuve que forzarlas a que salieran de la casa.

Entré una última vez para sacar lo más importante: ¡un enorme balde lleno de helado! Hasta el día de hoy se ríen de mí por ese hecho, pero todos sabemos que un día sin helado es un día muy triste. Además, hay un estudio muy serio que nos enseña que los helados ayudan a combatir el estrés, a relajarnos y a dormir mejor.

Una vez fuera de la casa, nos tomamos de la mano y comenzamos a cantar alabanzas a Dios. Cantamos "Paz, paz, cuan dulce paz" y esa paz invadió nuestros corazones. Érica había salvado su guitarra y nos acompañaba con su música. Los vecinos se acercaban a preguntar por qué estábamos cantando en medio de un desastre.

Mirando hacia la ciudad, podíamos ver incendios en diferentes lugares. La tierra no dejaba de moverse con violencia. Mi suegro dijo que iba a rescatar a Bonnie, la esposa de David Spencer, cuñada de Sharon, que vivía en la ciudad junto con su pequeña bebé, Shanna. Yo fui con él, evitando las grietas que se abrieron en la carretera, y cuando finalmente llegamos a la casa, la encontramos muy dañada. Con dificultad pudimos entrar y nos encontramos con que en la pieza de la bebé una pared se había inclinado unos 45 grados sobre la cuna, pero no la había dañado. Bonnie tenía a la niña en brazos, intentando calmar su llanto. Rescatamos lo que pudimos y la llevamos con nosotros.

En la calle pude ver a personas arrodilladas clamando a Dios que parara de temblar y un caballo corría aterrado de un lado a otro, con espuma en su boca. Mientras caminaba, la tierra se abrió delante de mí. Me di la vuelta para ir en la dirección contraria y también se abrió delante de mí. Recuerdo que me quedé quieto y oré: "Señor, si es mi momento para morir, que sea rápido. Estoy listo". Nada sucedió y pudimos lentamente volver a la casa de los Spencer.

Al día siguiente, todos los misioneros de las Asambleas de Dios aprovecharon un avión de la fuerza aérea norteamericana y fueron evacuados. Bonnie y sus dos hijas también fueron en ese avión, junto con Starlene. Mis suegros decidieron quedarse y Sharon, Érica y yo decidimos que no podíamos dejarlos solos en ese momento tan dramático y nos quedamos con ellos para ayudar.

Fueron días de mucha actividad, tratando de evitar que se robaran las cosas que dejaron los misioneros. Trasladamos muebles, ropa, efectos personales y vehículos a una iglesia que estaba intacta y pudimos de esa manera evitar que la turba de saqueadores se llevara todo.

Caminando por las calles de Managua pude ver los muertos que eran puestos sobre las veredas para que luego los soldados los rociaran con gasolina y con un lanzallamas los quemaran para evitar enfermedades. Me impresionó ver cómo las manos y los pies son los más difíciles de quemar.

Nunca olvidaré que vi a una mujer muerta, hinchada por el calor, y a su hijo de unos 5 años, con una mano tomado de la mano de su madre y con la otra comiendo un pedazo de pan. Poco después llegaron unos soldados y dispusieron de ella.

Cuando recuerdo esos días tan dramáticos todavía puedo sentir el olor de los cuerpos muertos descomponiéndose con el calor. Por la noche, durante varios años, podía ver las imágenes de los edificios destruidos y, sobre todo, los cuerpos de los muertos abandonados en la calle.

Pensé en lo poco que vale un cuerpo. Más de 11 mil personas perdieron la vida en una sola noche. El apóstol Santiago tiene razón cuando escribe en su epístola que la vida es como una neblina; es algo pasajero.

CAPÍTULO 8

En el año 1973 Sharon y yo fuimos a La Paz, Bolivia, para sustituir a mis padres mientras ellos iban a los Estados Unidos en una gira de un año recolectando ofrendas para la misión.

Bolivia vivía el mayor avivamiento de su historia. Julio César Ruibal llenaba todos los estadios y miles de personas recibían sanidad de sus enfermedades. Después de las reuniones, llenaban camiones con sillas de ruedas, camillas, muletas, bastones. Era impresionante lo que Dios estaba haciendo. El presidente de la República puso a su disposición el avión presidencial para que Julio César pudiera trasladarse a otras ciudades. Tuve la oportunidad de ir con él a Cochabamba y ver a más de 100 mil personas escuchar su prédica y recibir sanidad.

Julio César era joven y soltero. Katheryn Khulman lo había ungido y mantenía contacto con él. No tenía mucho conocimiento bíblico y eso preocupaba mucho a Katheryn.

Cuando más impactante eran sus reuniones, decidió aceptar una invitación a Colombia y estuvo en contacto con una comunidad conocida como "Monte de Sion". Regresó a Bolivia cambiado. Esta gente de "El Monte de Sion" lo convenció de que lo que estaba sucediendo en Bolivia no era de Dios. No sé cómo, pero transformaron por completo su forma de pensar.

Poco a poco fue haciéndose más místico y religioso. Se vestía de blanco. Todos sus seguidores debían tener cierto corte de pelo. Las mujeres debían usar vestidos largos y nunca cortarse el pelo ni afeitarse. No salía de su habitación del hotel, a menos que Dios le dijera que debía salir. Recuerdo haber ido al hotel Libertador para verlo y pedirle que fuera al estadio, que la multitud lo estaba esperando. Me hizo saber que no iba a ir hasta que Dios le dijera que fuera. Para cuando fue, los músicos ya se habían ido y solo quedaba un puñado de personas en el estadio.

Mi papá, sabiendo que Julio César era mi amigo, me pidió que lo guiara y lo aconsejara en las cosas espirituales. Por más que lo intenté, rechazó todo consejo. No tenía ninguna enseñanza doctrinal. Una mujer llamada Anna Lou, colombiana, terminó siendo su mentor espiritual.

Cierta madrugada Julio César me llamó para decirme que debía dejar a mi esposa. Cuando le pregunté por qué tenía que hacer eso, me dijo que en Apocalipsis estaba claro que solo los solteros iban a entrar en el reino de Dios.

Poco a poco los estadios se fueron vaciando y ya solamente predicaba a unos cuantos miles. En cierta ocasión, en el Estadio Nacional, no había ni siquiera mil personas. Así terminó el más grande avivamiento de la historia de Bolivia, en el año 1973.

Julio César negó el poder del Espíritu Santo y transformó algo hermoso en una religión legalista. Sus líderes espirituales colombianos lo habían convencido de que ese gran avivamiento no era de Dios. Sin embargo, quedaron muchas iglesias plantadas por los "ruibalistas" y algunas de ellas funcionan todavía con mucho poder y con multitudes, como la iglesia Ekklesía, con más de 6 mil miembros, pastoreada por Alberto Salcedo y su esposa Silvia Camacho, en La Paz.

Alberto era amigo íntimo de Julio César y fue quien le hizo la campaña publicitaria para los primeros eventos. Era espectacular ver a Julio César en la cornisa del Estadio Nacional predicando a más de 50 mil personas dentro del estadio y más de 100 mil en la plaza y en los estacionamientos del estadio. Nadie, ni antes ni después, pudo mover a tanta gente en Bolivia.

Finalmente Julio César Rubilar se fue a Cali, Colombia, donde desarrolló su ministerio y se casó con una excelente mujer norteamericana, llamada Ruth, y tuvieron dos hijas: Sara y Abigail. El día 13 de diciembre de 1996 fue abatido por tres sicarios del cartel de Cali, a la salida de una reunión de pastores, porque predicaba en contra de la droga.

Respecto a nosotros, en septiembre de ese año Dios nos bendijo con nuestro primer hijo, Bruno, quien nació en la clínica Metodista de Obrajes. Sharon tuvo un parto muy largo y doloroso, pero pude estar a su lado en todo momento y ver a mi primogénito nacer.

Tío Leonardo y su esposa, Marisita, estuvieron acompañándonos todo ese tiempo en la clínica. No puedo describir lo que sentí cuando vi nacer a nuestro hijo. Algo tan pequeño, tan frágil. Temía tenerlo en mis brazos por si lo dejaba caer.

Durante varios días estuvimos pensando qué nombre ponerle. Sharon quería llamarlo Italo Marco Antonio, pero yo dudaba porque me gustaba mucho Maurizio. Sin previo aviso, recibimos una llamada. Era mi padre que acababa de aterrizar inesperadamente en Bolivia y preguntó si el bebé tenía nombre. Cuando le conté de las dos opciones, solemnemente me dijo: "Su nombre será Bruno, como yo. Es el primer nieto y debe llevar mi nombre". Su nombre es Bruno Italo Maurizio.

Unas seis semanas después, temprano, una mañana de mucho frío, alguien insistentemente tocaba el timbre de calle. Yo fui a ver quién estaba a la puerta tan temprano, en mi pijama de franela verde. Me encontré con dos policías, quienes, con pistola en mano, me arrestaron. Tuve tiempo de gritarle a Sharon que llamara al general Carlos Alcoreza para ponerlo al tanto de lo que me había sucedido. El general Alcoreza era buen amigo de la familia y en esos días tenía un alto cargo en el gobierno boliviano.

Los policías no me permitieron vestirme y me llevaron en mi pijama y descalzo a la comisaría. Allí me enteré de que alguien me estaba acusando de haber robado los asientos de una furgoneta. Yo no tenía la menor idea de lo que me estaban diciendo. Aparentemente, mi padre había vendido ese vehículo sin los asientos de atrás. Al final, se aclaró la situación. Tardé un buen rato en parar un taxi para que me llevara a casa. No culpo a los taxistas que no quisieron recogerme. Vestido con un pijama de franela verde y descalzo, sin dinero y sin haberme duchado todavía, seguramente parecía un demente.

Una de mis responsabilidades ministeriales era recorrer el altiplano y ayudar a las iglesias a plantar nuevas iglesias. Mi papá había fundado un movimiento que se llamaba "Cada iglesia una iglesia en un año", motivando a las iglesias para que evangelizaran y se multiplicaran. Tuvo gran éxito y había fines de semanas en los que inaugurábamos alrededor de diez nuevas iglesias. En el periodo en que estuvimos en Bolivia, inauguré más de 300 iglesias.

Antes de cada viaje, Sharon y yo nos reuníamos y yo le indicaba dónde estaban los pasaportes, la chequera y los documentos. Repasábamos los números de teléfono por si algo me sucedía en esos viajes. No existían celulares y no tenía una radio para comunicarnos. Yo le decía que iba a volver tal día. Siempre exageraba el número de días por si me quedaba más tiempo de lo esperado en el altiplano.

Fueron viajes inolvidables. Paisajes como no he visto en otros lugares. Siempre iba acompañado de pastores, pero el que siempre fue conmigo fue el pastor Mateo Mamani.

En ocasiones teníamos que bautizar y nos tocaba hacerlo en un riachuelo congelado. El frío era insoportable. Hacían una fogata en la orilla del riachuelo para que los hermanos que se bautizaban pudieran entrar en calor. Curiosamente, las hermanas se bautizaban vistiendo unos *shorts* y nada más. Eso me llegó a molestar mucho porque me sentía herido en mi pudor y, finalmente, le dije a Mateo que yo ya no iba a bautizar más. Él intentó explicarme que no era nada ofensivo el que las hermanas se bautizaran a pecho descubierto, pero no me pudo convencer.

En uno de los viajes, al pasar un control policial, el sargento, que estaba borracho, me arrestó y me acusó de ser espía de la CIA. Me ordenó salir del vehículo y, con su revolver en mano, me invitó a entrar en la comisaría. Terminé encerrado en un calabozo oscuro. Estaba solo. Los pastores que me acompañaban comenzaron a orar. En la furgoneta llevaba Biblias, pero también una escopeta calibre 16 y un revólver 22 Magnum. Milagrosamente, el sargento no vio esas armas. Pasé gran parte de ese día y la noche en una habitación oscura, sin ninguna comodidad, de hecho, no tenía ni siquiera una cama donde acostarme y tuve que dormir en el suelo frío. Recordé el episodio de Pablo y Silas cantando en la cárcel, así que temprano el siguiente día, me puse a cantar a voz en cuello, desentonando, los coritos de la iglesia y ese sargento me dejó libre, con hambre, con sueño y con mucha sed. Ese episodio me retrasó en un día. Yo estaba preocupado por Sharon porque cada vez que me iba, ella lloraba, pero con un bebé tan pequeño no me podía acompañar ya que era difícil enfrentar las noches de intenso frío, durmiendo en el vehículo.

En esos años, la única vez que tuve una experiencia con alguien muerto fue cuando falleció de tuberculosis la esposa del superintendente de las Asambleas de Dios. Celestino Condori me llamó para pedir si por favor lo ayudaba con el traslado del cadáver de su esposa al cementerio. Me dijo que nadie había querido ayudarlo y, como yo tenía un furgón, sí podía recoger a su esposa. No entendí bien lo que me pedía, pero accedí y fui a la Clínica Metodista en Obrajes. Pensé que iba a estar en un ataúd, pero la tenían envuelta en unas mantas y la pusieron en la parte de atrás del furgón. Celestino se sentó adelante conmigo y viajamos durante varias horas hasta llegar a un pequeño cementerio en el altiplano. En el trayecto yo oraba para que no nos parara la policía y revisara el vehículo. Hubiera sido bastante difícil explicar qué hacíamos con una mujer muerta. Celebramos una ceremonia sencilla de despedida, al lado de una tumba sin lápida, y la depositaron en una fosa cavada en la congelada tierra del altiplano.

Una vez más reflexioné sobre lo frágil que es la vida y, al final de los días, volvemos al polvo de la tierra.

Cuando cubrieron ese cuerpo, cada cual se fue por su camino y dudo mucho que alguien recuerde exactamente dónde fue enterrada.

CAPÍTULO 9

Bolivia no tiene salida al mar y, por consiguiente, para poder importar mercadería, usan puertos en Chile y en Perú. En esos años, 1973, 1974, los vehículos llegaban a los puertos de Mollendo y Matarani, en Perú, y alguien tenía que ir a recogerlos y traerlos por tierra a Bolivia.

Junto con mi amigo de infancia, Javier Martínez, decidimos que nosotros podíamos traer esos vehículos y de paso ganar unos cuantos dólares. Pronto se nos presentó la ocasión de hacer el primer viaje. Decidimos ir por tierra.

Compramos pasajes de ida en una compañía de buses que se llamaba Morales Moralito. Con tal nombre uno ya podía suponer que la compañía no era muy seria que digamos. Pasada la medianoche paramos en una especie de restaurante solitario en el altiplano boliviano para usar el baño y para comer algo. El viento frío calaba hondo hasta los huesos. Comimos algo caliente y tomamos un café muy fuerte.

Cuando volvimos al autobús encontramos al chofer borracho durmiendo. Esperamos unas cuantas horas y luego decidimos que era tiempo de entrar en acción: íbamos a manejar nosotros el autobús. Cuando intentamos tomar el mando, el chofer despertó dando gritos. Nosotros nos defendíamos, acusándolo de ser borracho y de poner en riesgo nuestras vidas. Tras una larga y acalorada discusión, retomamos el camino con el chofer al mando, pero Javier y yo a su lado, atentos a cualquier peligro.

La siguiente vez que fuimos lo hicimos en tren y luego cruzamos el lago Titicaca en un barco. Fue una experiencia inolvidable. De alguna manera, habían traído pieza por pieza, por tierra hasta el lago Titicaca, un barco inglés para navegar en ese hermoso lago.

Teníamos una cabina con dos literas para poder dormir. Pudimos subir al puente de mando y charlar con el capitán, quien nos invitó a beber una buena taza de café caliente. El reflejo de la luna llena sobre las aguas quietas del lago era impresionante. En el altiplano no hay contaminación lumínica y las estrellas se ven más brillantes y de mayor tamaño. Llegando a Perú, tomamos el tren a Matarani. Fue una travesía muy hermosa, era en un tren antiguo y muy lento al subir, para cruzar la cordillera de los Andes.

La tercera vez que viajamos, ya teníamos un pequeño capital, así que fuimos en un avión de la línea aérea Faucett hasta Lima y luego por tren a Mollendo, entonces recogimos dos *jeeps* Toyota Land Cruiser.

En cuanto aprobaron los documentos, salimos con la idea de llegar a la ciudad de Puno, en la frontera con Bolivia, para dormir allí y luego seguir el viaje a La Paz. Todo iba bien hasta que llegamos a la cumbre, que tiene más de 5 mil metros de altura. Paramos a comer algo. Sin previo aviso, Javier se desmayó y cayó al suelo pesadamente, afectado por el mal de altura. En Bolivia lo llaman *sorojchi*.

Al principio pensé que estaba bromeando. Con la ayuda de los presentes, pudimos volverlo otra vez en sí. Un par de horas después, estando ya bien, emprendimos nuestro viaje de regreso a Bolivia.

En un descuido, nos equivocamos de camino. Era ya oscuro, una noche sin estrellas. Comenzamos a bajar por un camino desconocido, intentando llegar a la ciudad de Puno lo antes posible. Era un típico camino de tierra bajando la montaña, camino angosto, suficiente para un vehículo, y cada tantos kilómetros había un sitio ancho lo suficiente para que uno pudiera dejar pasar a otro vehículo. A mi izquierda tenía la montaña, mientras que a mi derecha había un profundo y oscuro precipicio. Las luces de nuestros vehículos eran la única luz que se podía ver. Me sorprendió que no encontramos otros vehículos en ese camino, pero pensé que era porque estábamos viajando de noche.

Después de un par de horas, Javier me hizo señas de que tenía problemas. Yo lo estaba siguiendo. Me di cuenta de que se había quedado sin frenos, bajando esa pendiente interminable. Frenaba con los cambios de la transmisión del todoterreno. Fue entonces que se me ocurrió una idea. Llegando a un lugar más ancho, lo pasé y me puse delante de él. De inmediato Javier entendió lo que yo estaba haciendo y, con mucho cuidado, se acercó a mi vehículo y pegó su parachoques contra el mío. Dios nos ayudó. Llegamos al valle usando mis frenos y las cajas de cambio. Cada vez que recuerdo ese episodio, pienso en lo tontos que fuimos ya que podíamos haber caído al precipicio con gran facilidad. Grande es la misericordia que Dios tuvo de nosotros. Paramos para dejar enfriar los frenos de ambos vehículos. Un camionero que nos vio llegar al valle se acercó y nos retó con palabras que no puedo escribir en este libro. Nos dejó saber que ese camino había sido clausurado y que nadie bajaba por allí y menos en la total oscuridad de la noche. Nos hizo ver lo tontos y arriesgados que fuimos. Como era ya muy tarde, dormimos en los vehículos.

Al mediodía, llegamos a Puno y decidimos que debíamos tomar unas horas para limpiar los vehículos y para inspeccionar los frenos. Por la tarde salimos hacia Bolivia, pero el cruce de la frontera fue muy lento y otra vez tuvimos que conducir en la oscuridad. Llegando a Tiahuanaco, Javier tuvo otro incidente. Su Toyota había perdido casi todo su aceite porque una de las mangueras por donde pasaba se había desconectado. En la inmensa oscuridad del altiplano, Javier tomó mi vehículo y fue al pueblo de Tiahuanaco en búsqueda de aceite. Era ya cerca de la medianoche y en el altiplano la gente va a dormir con la puesta del sol. Yo me quedé a proteger el vehículo averiado. Una hora después, Javier regresó con un balde lleno de aceite que todavía no sé cómo o dónde lo consiguió. Llenamos el depósito y con un alicate de presión solucionamos el problema de conectar esa goma. Llegamos a casa llenos de tierra, llenos de aceite y decidimos que ese era nuestro último viaje a Mollendo. Así terminó nuestro negocio.

En esos días yo tenía un auto deportivo de color amarillo limón, un Ford Capri. Teniendo sangre italiana en mis venas, me gusta manejar a alta velocidad. Un día, regresando a casa, me pasó un Mercedes Benz negro. Quise alcanzarlo, pero no podía competir con ese bólido y pronto el auto estaba a más de 300 metros delante de mí. Repentinamente, vi cómo envistió a una mujer, aunque intentó frenar. La velocidad era tal que la mujer salió disparada por el aire y creo que murió antes de caer sobre el asfalto.

Un policía que vio lo que sucedió intentó parar al Mercedes, pero este se dio a la fuga. Me paró a mí y me pidió que siguiera al Mercedes y, así, con el policía de copiloto, comenzó una carrera por las calles de La Paz, como si se tratara de una película de Hollywood. No temía a la ley, ya que la ley estaba a mi lado en mi auto. Finalmente, pude alcanzar ese Mercedes y el policía, con pistola en mano, paró al infractor. Fue en ese momento que nos dimos cuenta de que el vehículo llevaba matrícula diplomática, de la embajada de China en Bolivia.

Al día siguiente, el diario *Presencia* tenía un artículo describiendo lo que había pasado y decía que, con la ayuda de “un ciudadano”, pudieron arrestar al chofer de ese vehículo.

Haber visto a esa mujer por los aires y luego caer al pavimento, y ver su cuerpo desmembrado, me impactó de tal manera que por mucho tiempo manejé a baja velocidad, lo cual fue muy difícil para mí.

CAPÍTULO 10

Cuando mis padres volvieron a Bolivia, pudimos regresar a los Estados Unidos. Era el año 1974, y se sufría una fuerte crisis económica en el país. El departamento de misiones de las Asambleas de Dios nos había indicado que debíamos pastorear durante 2 años en los Estados Unidos para poder recibir nuestras credenciales como misioneros. Intentamos sin suerte encontrar una iglesia. Nos quedamos sin ahorros y tuvimos que pedir a mi cuñado, David Spencer, si podíamos vivir en su garaje.

En ese entonces, David y su familia vivían en Abilene, Texas. Él accedió a nuestra petición y nos fuimos los tres, Sharon, Bruno y yo a vivir en el garaje. No tenía baño, ni muebles. Debíamos usar el baño de la casa de David, así como su cocina. En un periódico vimos un anuncio de alguien que estaba vendiendo una cama. Fuimos a verla y era una cama redonda a muy buen precio y la compramos.

Fueron meses de gran frustración para mí y de mucha incomodidad. Intenté encontrar un empleo en lo que fuera. Por otro lado, yo había enviado mi currículum a iglesias que buscaban pastor. Recuerdo que envié a una iglesia en Ogden, Utah, y me contestaron, pero cuando se suponía que debía ir a conocerlos, ya habían encontrado a otro pastor. Una iglesia pequeña en Texas, Sunset Chapel, mostró interés, pero me sucedió lo mismo: un par de semanas antes, consiguieron un pastor. No tengo palabras para expresar mi desánimo y cuánto estaba cuestionando a Dios por lo que nos estaba sucediendo.

Ese fin de año, cerca de la Navidad, Sharon encontró un empleo como vendedora en una tienda de ropa. Ese fue mi momento más difícil. Me sentía inútil y humillado. Mi esposa trabajando mientras que yo no encontraba empleo. Sharon trabajaba y yo me quedaba en casa cuidando a nuestro hijo. Eso de cambiar pañales no es tan agradable, especialmente en ese tiempo en que no eran desechables.

En esos días estaban buscando a personas para recoger la basura en las calles y yo puse mi nombre. Me rechazaron. ¡Ni para recoger la basura servía! Me dijeron que con mi título universitario yo no era del perfil que buscaban para ese empleo. No recuerdo haberme sentido tan humillado como en ese entonces.

El último domingo del año 1974 llegamos temprano a la iglesia para el culto. En la entrada había literatura con el nombre de misioneros en diferentes países del mundo. Comencé a hojear esa literatura y sentí que el Señor me hablaba de que debía enviar una ofrenda a cierto misionero. Intenté discutir con Dios diciendo que yo no lo conocía y que no tenía mucho dinero, pero la voz de Dios se hizo más fuerte. No solamente tenía que enviar una ofrenda a un misionero desconocido, sino que tenía que enviarle todo lo que teníamos en el banco. Cuando le conté a Sharon lo que me había pasado, en vez de darme la razón de no enviar esa ofrenda, ella me dijo que mejor obedeciera a la voz de Dios. Así fue como le envié una ofrenda al misionero Anthony Giordano. Cuatrocientos dólares era todo lo que teníamos en el banco. No lo sabía en ese momento, pero esa ofrenda cambió nuestra vida para siempre. Pasaron unas semanas y yo me había ya olvidado de ese incidente.

Cierto día, sentí que Dios me hablaba otra vez. Esta vez me decía que debíamos volver a Waxahachie, a la universidad donde habíamos estudiado. Los tres emprendimos el viaje de cuatro horas. Cuando llegamos a la universidad, nos dirigimos a la oficina de misiones donde Érica, mi hermana, trabajaba de secretaria. Estaba intentando estacionar cuando vi al jefe de misiones, Hugo Jeter, haciendo señas desde la puerta de la oficina. Pensé que nos estaba saludando. Cuando llegué a la oficina, vi que Hugo tenía lágrimas en sus ojos. Me dijo: "Italo, tienes una llamada por teléfono". No entendía nada. Nadie sabía que estábamos allí. ¿Quién me podía estar llamando? Contesté el teléfono y la voz me dijo: "Italo, te he estado buscando por varias semanas y nadie sabía dónde estabas. Ni en la oficina de misiones de las

Asambleas de Dios sabían cómo encontrarte. Por fin se me ocurrió llamar a la oficina de misiones de la universidad". Yo seguía perplejo, sin entender lo que estaba sucediendo. Era Anthony Giordano que me llamaba desde Las Palmas de Gran Canarias, España, para invitarnos a que fuéramos a tomar su lugar. Estaba muy enfermo con cáncer y tenía que volver a los Estados Unidos. Alguien le había mencionado nuestro nombre y nos ubicaron por la ofrenda. De inmediato me di cuenta de que Dios tenía un plan para nosotros y acepté la invitación.

El distrito de las Asambleas de Dios del norte de Texas se puso de inmediato en acción y recaudaron los fondos para comprar los pasajes y unos 150 dólares mensuales para nuestro sustento.

De ida a Las Palmas paramos en Nueva York para ver a Daniel y Vangie y pasamos unos días visitando la ciudad. Al llegar al aeropuerto JFK, nos dijeron que debíamos pagar 150 dólares de sobrepeso de una maleta que contenía la ropa de nuestro pequeño hijo, Bruno. Ciento cincuenta dólares era todo el dinero que teníamos. Pagamos el sobrepeso y nos quedamos sin siquiera una pequeña moneda en el bolsillo.

Llegamos al aeropuerto de Gando en Las Palmas, en marzo de 1975. Yo tenía 24 años y Sharon 23. Bruno tenía 18 meses. Anthony y su esposa, Rita, nos estaban esperando y nos llevaron a un departamento en el tercer piso en la calle Galileo 40, en una zona de la ciudad que se llama Guanarteme.

El primer piso era la iglesia sueca que ministraba a los turistas que venían todos los años a pasar el invierno en Canarias. El tercer piso era nuestro departamento en el que vivimos durante 12 años. Yo llegué a Las Palmas con una infección de riñones y todo lo que quería era dormir. Anthony se despidió diciendo que volvería al día siguiente para llevarnos a almorzar y cada cual debía pagar su comida. Sharon me miró con angustia ya que nuestra condición económica no era para menos.

Antes de irse nos entregó una carta que llegó a nuestro nombre. Yo no le di mucha importancia, la puse sobre la mesa y me fui a dormir. Al día siguiente abrí esa carta y encontré un cheque por 800 dólares, enviado por una iglesia en Portland Oregón, Estados Unidos. Era exactamente el doble de la ofrenda que había enviado a Giordano. Hasta el día de hoy no sé cómo contactaron con nosotros ni cómo sabían la dirección donde nos íbamos a quedar. ¡Dios es siempre fiel! Y ese dinero fue suficiente para el resto del mes.

Pocos días después, Anthony y Rita regresaron a los Estados Unidos y nos quedamos solos en Las Palmas. Fueron años difíciles, pero a la vez de gran bendición.

Nuestro hijo Italo Paul nació en la clínica Santa Catalina en Las Palmas. La matrona lavó al recién nacido y luego lo entregó a Sharon para que lo cuidara ya que la madre era la que tenía que encargarse de todo. Sharon no tenía ni la más mínima idea de que eso iba a suceder y no estaba preparada. El parto fue largo y doloroso, ella intentaba reponerse del esfuerzo y ahora se encontraba con que debía hacer todo para un recién nacido, todo aquello de lo que normalmente se encarga la clínica. Gracias a Dios, Loly Toledo cuidó de Sharon y del recién nacido.

Unos meses después vino a las islas el secretario para misiones en Europa y Asia: Charles Greenaway. Sharon estaba encantada de verlo, porque fue durante una de sus prédicas que Dios la llamó al ministerio. Greenaway era un personaje único. Irlandés, original en sus prédicas y en su forma de ver la Gran Comisión. Antes de ser nombrado a esa posición, fue pionero en varios países de África, incluyendo Alto Volta, hoy conocido como Burkina Faso. Sus anécdotas de sus primeros años en África eran fascinantes e inspiradoras. Uno podía, literalmente, escuchar lo que tenía que decir por horas sin aburrirse.

En esa ocasión, él me dijo: "Italo, el mayor impedimento al crecimiento de una iglesia es la falta de sentido común. Hasta un caballo tiene más sentido común que algunos pastores, porque cuando llueve, por lo menos busca donde refugiarse". Esa frase se me quedó grabada y condicionó el resto de mi vida.

Recuerdo muchas frases respecto a este tema. Voltaire fue el que dijo: "El sentido común no es nada común". Otro personaje escribió: "El sentido común es como el desodorante; la gente que más lo necesita, es la que menos lo usa". Steve Wynn, uno de los magnates más conocido en el mundo de la compra y venta de propiedades, señaló: "Yo cambio elocuencia por sentido común cualquier día". También hay una frase que me ha hecho pensar mucho: "El sentido común no es un don: es un castigo, porque uno está rodeado de personas que no lo tienen". Napoleón Bonaparte dijo: "Para triunfar es necesario, más que nada, tener sentido común". El escritor español Ramón Gómez de la Serna expresó: "Ese precioso y necesario don del sentido común, que es el menos común de los sentidos". El filósofo japonés del siglo XII, Yoritomo Tashi, señaló: "El sentido común es el arte de resolver los problemas, no de plantearlos". Y así, hay centenares de frases de personas más inteligentes que yo hablando de lo importante que es el sentido común y lo difícil que es encontrarlo.

Charles Greenaway fue fundamental para nosotros en esos primeros años de nuestro ministerio en Europa. Aprendimos mucho de él. El principio de la obra en Las Palmas fue en el *coffeehouse*, Casa Ágape, en la calle Hierro 10, a pocos metros de la playa de las Canteras en Las Palmas, que el matrimonio Giordano había fundado poco antes que llegáramos a la isla. Además, ya había una pequeña congregación que se reunía los jueves y los domingos en la iglesia sueca de la calle Galileo 40. De lunes a sábado estábamos en la Casa Ágape desde las 15:00 hasta las 22:00 sirviendo café gratis a los que quisieran entrar, menos los jueves que la reunión era en la iglesia. La única condición para tomar un café era que tenían que escuchar mientras les leíamos el capítulo 3 del evangelio de Juan. Usualmente ese era el inicio de preguntas y de charlas interminables, especialmente con los *hippies* que venían de varios países de Europa a Canarias porque el clima era benigno y podían dormir en la playa.

Poco a poco se formó una colonia de *hippies* en la presa de Soria, una montaña con casas abandonadas y cuevas. Vivían literalmente como animales. Desnudos, dormían en el polvo del suelo y usaban toda clase de drogas. Una vez a la semana subía junto con John Dawson para verlos y para poder compartir el evangelio con ellos. Entre los *hippies* encontré un alemán ya mayor de edad, desnudo, en una cueva con varias mujeres jóvenes. Cuando hablé con él, me di cuenta de que no era un *hippie* de verdad, sino alguien que había tomado algunas semanas de vacaciones de su trabajo y su familia para vivir una aventura rodeada de mujeres que solo querían su dinero a cambio de sexo.

En otra oportunidad, me encontré con un joven matrimonio inglés. Ella estaba embarazada y descubrí con horror que el marido la prostituía. Me sentí furioso y enfermo a la vez.

En cierta ocasión, en una de las cuevas me encontré con un joven enfermo, acostado sobre algo de paja. Podía ver el vómito sobre su barba y pecho. Tenía su pelo largo, color rojizo y una barba larga del mismo color. Le pregunté si podía ayudarlo. Me dijo que no necesitaba de mi ayuda y que me fuera de su cueva. Me amenazó con un bastón que tenía cerca de él y me dijo que él era el "señor de Soria". No quise insistir pero, antes de salir de su cueva, dejé literatura cristiana en el suelo. Era un joven alto, imponente y prepotente. Lo había visto antes con una joven mujer, pero no había tenido la oportunidad de hablarle.

Semanas después, vino al *coffeehouse*. Cuando lo vi, mi primera reacción fue de escapar. Estaba vestido con una sábana alrededor de su cintura, descalzo y con el bastón en la mano. Se sentó a la mesa donde yo estaba y me preguntó si lo que decía esa literatura era verdad. Le dije que sí. Me preguntó si él podía ser perdonado de lo que había hecho en su vida. También le respondí que sí. Le pregunté si estaba listo para pedir perdón. Me dijo que sí y le tomé las manos, más que nada como precaución, y juntos oramos pidiendo que Dios borrara sus pecados y que hiciera de él una nueva criatura. Cuando terminamos de orar, podía ver en su rostro un gran cambio. Me dijo: "Siento algo diferente dentro de mí". Yo le contesté que ahora era una nueva persona. Se levantó y me dio un fuerte abrazo "del oso". Mi cara estaba pegada a su pecho desnudo, él comenzó a dar saltos de alegría. Casi me ahoga, no tanto por el fuerte apretón sino por el fuerte olor de un cuerpo que no había sido lavado en mucho tiempo. Cuando se tranquilizó le serví una taza de café y unas galletas, y fui a buscar algo de ropa para que se vistiera. Le señalé que podía pasar al baño a limpiarse y vestirse.

Momentos después, cuando salió del baño, su mirada era diferente y tenía una sonrisa en los labios. Le ofrecí pagar un corte de pelo y afeitar su larga y sucia barba, a lo que accedió, ante mi gran sorpresa. Fuimos a la peluquería donde yo siempre iba y no lo dejaron entrar. Después de varios intentos, encontramos un peluquero que estaba dispuesto a lavar ese pelo mugriento, cortarlo y afeitar su barba. La transformación fue impactante.

Durante varias semanas estuvo todos los días en el *coffeehouse* preguntando y aprendiendo de la Biblia. Cierto día lo vi triste, sentado en un rincón de la habitación y le pregunté por qué estaba así. Me dijo que quería volver a su país natal, Australia, pero que no tenía dinero para el pasaje. Emprendimos una campaña para levantar fondos y después de varias semanas reunimos el dinero necesario para comprar un billete de ida.

Pasó un buen tiempo antes que tuviera noticias de él. Un día llegó una carta en la que decía que ahora era estudiante en un instituto bíblico. Un poco más de un año después, escribió otra carta para darme la noticia de que estaba comprometido para casarse con una hermosa mujer, lo que me sorprendió mucho porque si había alguien que era feo, justamente era este hombre.

Los años pasaron y supe que finalmente se había casado y que también se había graduado del instituto bíblico. No supe más de él hasta que, predicando en una iglesia en California, compartí esta historia de su salvación. Una de las personas que estaba en el culto se acercó y me dijo que lo conocía y que era pastor de una iglesia donde había cerca de mil miembros. Me alegró mucho oír esa noticia, pero luego me puse triste. ¡Él tenía muchos más miembros en su iglesia de los que yo tenía!

Durante esos 12 años tuvimos algunos entierros de miembros de la iglesia, pero nada fuera de lo normal. Lo único que recuerdo llamativo fue una noche, cuando al término de un culto de despedida de un hermano fallecido, llegaron los de la funeraria para decirnos que sospechaban que nos habían dado el difunto equivocado y que teníamos que abrir el ataúd y verificar si era el correcto o no. Nadie quería hacerlo. Finalmente, lo abrimos y encontramos el cuerpo correcto, totalmente vendado como si fuera una momia, con la boca abierta. Creo que todos los que me ayudaron quedaron asustados por lo que vieron, incluyéndome a mí, y todavía hoy, más de 30 años después, recuerdan ese episodio.

Ninguno de nosotros durmió esa noche. Una vez más pensé que la vida es frágil.

CAPÍTULO 11

Volvimos a Texas en 1977 para ser ungido como pastor ordenado de las Asambleas de Dios de los Estados Unidos. Antes del viaje, Sharon no se sentía muy bien y al llegar a los Estados Unidos, el malestar empeoró. El doctor tomó varias radiografías de su estómago y fue entonces que descubrimos que no solo estaba enferma sino que también estaba embarazada de nuestra hija. El doctor nos aconsejó que Sharon abortara porque, según él, el bebé era deforme y, en el mejor de los casos, si nacía, tendría graves problemas mentales y sería ciego. Fue un duro golpe para nosotros. Esa noche, Dios me habló en sueños de que iba a ser una linda niña y que iba a nacer perfecta. Por la mañana compartí ese sueño con Sharon y ella estuvo de acuerdo conmigo. Cuando regresamos al doctor, le dijimos que no íbamos a abortar. Él se enojó mucho con nosotros y nos dijo que éramos unos irresponsables. Tuvimos que firmar varios documentos liberándolo de toda responsabilidad en caso de que naciera con defectos. Está de más decir que Sharon dio a luz a una hermosa niña que nosotros llamamos Sandra Rose y que, hasta el día de hoy, no tiene defecto físico ni mental. Así, Bruno nació en La Paz, Bolivia; Italo nació en Las Palmas de Gran Canarias, España; y Sandra nació en Waxahachie, Texas, Estados Unidos.

Cuando regresamos a España, esta vez, fue a Madrid. Tomamos el mando de la oficina de ICI, Instituto por Correspondencia Internacional, que se hallaba en la calle Arturo Soria 10. Debíamos distribuir lecciones del instituto a todo el país.

Un día se me ocurrió la idea de empezar un periódico titulado *ICI Ahora* para comunicar a los estudiantes las novedades y el avance del ministerio en España. También se me ocurrió que se podía utilizar como una herramienta para establecer iglesias. La idea era reunir estudiantes de una ciudad y empezar reuniones con ellos. Lo hicimos en Barcelona, Zaragoza, Granada y Alicante.

También lo hicimos en Manresa, donde conocí un matrimonio extraordinario: José e Ino García. Durante todos estos años ellos han sido fieles ministros de una hermosa iglesia que surgió en esa ciudad y mantenemos hasta el día de hoy, 40 años después, una fuerte amistad.

Como también tenía que enseñar en el instituto bíblico de Guadalajara, decidimos vivir fuera de Madrid y escogimos Alcalá de Henares, la cuna del famoso escritor español, Miguel de Cervantes y Saavedra, autor del renombrado libro *Don Quijote de la Mancha.*

También trabajamos con dos misioneros de las Asambleas de Dios: David Godwin y Dick Larson, en el intento de establecer una iglesia en Ciudad Lineal a una cuadra de la oficina de ICI. Lo hicimos a la antigua: montamos una carpa en un terreno baldío y empezamos reuniones todas las noches. Usualmente David Godwin junto con su esposa Doris eran los predicadores, aunque Dick Larson también compartía el púlpito. Finalmente se pudo establecer una iglesia en la calle Argos, y ha sido bendecida de tal forma que hoy miles de personas son miembros.

El primer pastor de esa iglesia fue un misionero de nombre Eduardo Spuler. Un gran hombre de Dios, sencillo, humilde, con un gran sentido del humor. Era muy querido por la gente. Hizo un trabajo impecable y la iglesia creció.

Cierto día nos comunicó que su cuñado acababa de construir una iglesia en Alaska y le había pedido ir a predicar el culto de inauguración, cosa que Eduardo hizo. Cuando predicó ese domingo, basó su mensaje en lo que dice la epístola de Santiago 4:14: *"Porque ¿qué es vuestra vida? Ciertamente es neblina que se aparece por un poco de tiempo, y luego se desvanece".*

El día después de la inauguración, su cuñado le pidió que lo ayudara a terminar ciertos detalles de la pintura de la iglesia. Eduardo subió a una escalera para pintar el techo y perdió el equilibrio; esa caída le provocó la muerte instantánea. Todos quedamos muy devastados por su muerte. La congregación en Madrid lo lloró por varios meses. Su viuda y sus tres hijos volvieron a los Estados Unidos. A partir de este hecho pienso que muchas veces no tenemos un aviso previo: la muerte nos llega sin anunciarse.

CAPÍTULO 12

Cierto día, Sam Johnson, quien era el supervisor de misiones para el sur de Europa, nos pidió que volviéramos a Las Palmas porque todos los misioneros que habían llegado se iban de regreso a los Estados Unidos y la iglesia que habíamos empezado, junto con el instituto bíblico, quedaban sin pastor y director.

Yo no quería volver a Las Palmas. Estaba muy feliz en Madrid y con ICI estaba estableciendo iglesias, lo que me encantaba mucho. Tuvimos una discusión y yo me negaba a ir, pero esa noche Dios me mostró que esa era su voluntad, que volviéramos a Canarias, y me dio el Salmo 108:13 como promesa de que todo iba a ir bien y que, con Dios, íbamos a ver proezas.

Sharon y los niños fueron por avión y yo fui por barco para poder llevar nuestro vehículo. Volvimos a vivir en la calle Galileo 40 y retomamos el pastoreo de la iglesia. Mis suegros vinieron de Panamá junto con mi cuñada, Starlene, para ayudarnos con el instituto bíblico.

Tiempo después, decidimos tener un retiro espiritual en la casa de San Pablo, en Agaete, pero el predicador a último momento canceló. Mi cuñado, David Spencer, sugirió que llamara a William Hinn, hermano del famoso Benny Hinn. William estaba recién empezando en el ministerio. Lo esperábamos con mucha curiosidad, sin saber si era igual que su hermano.

Resultó que William es un predicador exquisito en sus temas. Nació en Israel y su padre había sido miembro del gobierno de la ciudad de Jaffa. Por consiguiente, no solamente conoce el idioma original, sino que también las costumbres del pueblo judío. Recuerdo que me preguntó si yo creía en el poder del Espíritu Santo y sus manifestaciones en las personas. Le dije que sí, pero que en Canarias nunca se había visto eso de caer bajo el Espíritu.

Después de la primera prédica, invitó a que las personas pasaran al frente para recibir oración. Recuerdo a José Enrique Ortega, mi pastor asociado en ese entonces, declarar: "A mí no me tumba nadie". Fue el primero en caer. Se desató una potente manifestación del Espíritu. Todos caímos y pasamos un gran momento en la presencia del Señor. Nunca habíamos visto algo similar, así que pregunté a mis suegros qué pensaban. Mi suegra, una gran mujer de Dios dijo: "Esto es lo que se vio en el avivamiento de la calle Azusa. Esto es de Dios, no lo dudes".

La última noche del retiro, una hermana comenzó a manifestar un demonio que la retorcía como si fuera una serpiente en el suelo. Ese demonio salió de ella, pero entró en otra persona, a quien tuvimos que liberar, y luego ese mismo demonio entró en una tercera persona. Al darnos cuenta de lo que estaba sucediendo, pedimos que todos salieran de la sala y nos quedamos William, Sharon, mis suegros, unos líderes de la iglesia y yo. Ese demonio salió de esa persona y entró en una cucaracha que comenzó a actuar de forma inverosímil. Mi suegro, con mucha sangre fría, la pisó y hasta allí llegó ese demonio.

Cuando bajamos a Las Palmas ese domingo, la iglesia estaba llena a rebosar. Otra vez el Espíritu Santo se manifestó con poder, tanto es así que las personas que pasaban por la vereda, frente a la iglesia, caían bajo el poder del Espíritu Santo y los ujieres los tenían que arrastrar dentro del edificio para que no los vieran en la calle. Al término del culto varios estaban "borrachos" en el Espíritu Santo y tuvieron que ser llevados a sus casas. Fue un antes y un después. Despertó una gran hambre de Dios, las personas no podían esperar llegar a la iglesia, la gloria de Dios llenaba el lugar. La iglesia nunca fue la misma. Fue el principio del gran avivamiento.

Un jueves, durante el estudio bíblico, vi entrar a tres hombres que no conocía, que se quedaron apoyados contra la pared del fondo de la iglesia. Estaban bien vestidos, con el pelo corto. Al final de la reunión, uno de ellos se acercó y me dijo que su amigo tenía problemas, que habían ido a diferentes lugares buscando ayuda y finalmente alguien les sugirió que vinieran a nosotros. Me contó que era un oficial de la marina española y que había intentado en varias ocasiones quitarse la vida y también había agredido a sus compañeros con una bayoneta.

Entendí que ese hombre estaba endemoniado. Llamé a unos líderes de la iglesia que todavía estaban en el edificio y fuimos a una sala lateral para orar por este hombre. Quienes lo acompañaban, se fueron sin decir nada. Empezamos a orar y a tomar autoridad sobre esos demonios y, en un momento dado, se manifestó gritando: "¡Satanás, ayúdame!". Se me puso la piel de gallina y, por la cara de los que estaban conmigo, ellos también sintieron el mismo efecto. Entre siete hombres lo pudimos contener, ya que se puso extremadamente violento. Luego dc varios minutos, ese demonio se manifestó diciéndonos: "No me voy a ir, no me voy a ir", y terminó siendo una cantilena, repitiendo una y otra vez que no se iba a ir. Seguimos orando, atando, echando afuera, reprendiendo, intentando liberar a este hombre. El demonio finalmente nos dijo: "Me fui, ya no estoy aquí. Me he ido", obviamente burlándose de nosotros.

Más de una hora después, recordé que el pastor de la iglesia coreana vivía en nuestra misma calle y lo llamé para que nos reforzara. Cuando él llegó, el demonio comenzó a decir: "El chino no, el chino no". Este pastor había liberado a muchos y sabía cómo hacerlo. En pocos minutos tomó autoridad y echó al demonio de ese hombre. Fue un momento glorioso. Vimos el cambio en su cara y en su forma de hablar. Dios es un Dios que nos hace libres.

Todo avivamiento tiene sus detractores y este también los tuvo, sin embargo, el avivamiento siguió y el local en la calle Galileo 40 se hizo chico, las personas venían una hora antes del culto para hallar un lugar donde sentarse. Nos dimos cuenta de que para seguir creciendo necesitábamos tener un lugar amplio.

En 1986 mi padre me sugirió que me pusiera en contacto con el ministerio de Jimmy Swaggart para ver si estaban interesados en ayudarnos a comprar una propiedad. En ese entonces, Jimmy Swaggart era el evangelista más conocido en el mundo evangélico e invertía mucho dinero en misiones. Siguiendo las instrucciones de mi padre, invité a Jim Woolsey, encargado de misiones foráneas del ministerio de Jimmy Swaggart. Le mostré varios edificios que podían ser usados como iglesia. No hizo ninguna promesa, simplemente fue muy amigable y se fue.

Sentí que debíamos orar todas las noches hasta que tuviéramos una respuesta. Llevábamos cerca de tres meses orando todas las noches cuando mi secretaria, Mili Torres, me dijo que alguien me estaba llamando por teléfono. Irritado, le dije que me llamara en otra ocasión ya que estábamos orando. Todavía recuerdo su mirada cuando me dijo: "No, esta llamada la quieres contestar. ¡Es Jimmy Swaggart!". Fui corriendo a contestar esa llamada. No puedo describir la euforia que sentí en mi corazón cuando me dijo que habían aprobado el proyecto y que necesitaba una cuenta bancaria para poder depositar el dinero. Cuando compartí la noticia con los líderes, muchos nos pusimos a llorar de alegría.

Pablo López era el "anciano" de la iglesia y juntos comenzamos a buscar un lugar apropiado. Finalmente, encontramos un cine en la calle Fernando Guanarteme, que era un edificio de cinco pisos. Hablamos con los propietarios, una pareja ya entrada en edad, que todo lo que querían era comprar una casa cerca de la playa en el sur de la isla y jubilarse. Llegamos a un acuerdo y pagamos en efectivo por el cine. También compramos una casa que estaba al lado y un terreno detrás de la casa. En total pagamos unos 350 mil dólares por toda esa propiedad. Hoy vale millones. La renovación del edificio tomó varios meses. Posteriormente, en octubre de 1986, invitamos a Jim Woolsey para que dedicara el edificio. En ese momento, se transformó en la iglesia más grande de las Asambleas de Dios en el sur de Europa.

Cuando el nuevo secretario de misiones, Jerry Parsley, vino a vernos, dijo: "Me habían dicho que era un edificio muy lindo, pero me dijeron solo la mitad. Nunca he visto algo similar en Europa". Lo hicimos todo para la gloria de Dios. Parsley también hizo el comentario de que nunca había sentido la presencia de Dios como en ese templo.

Años atrás, José Peñate, marido de Dorotea, había fallecido de un ataque al corazón. Durante muchos años Dorotea fue la encargada de la música en la iglesia. La muerte de su marido fue repentina. Dorotea nos llamó e intentamos llegar lo antes posible a su casa, pero él ya había fallecido. Dorotea me pidió que fuera a la oficina de José para recoger todos los documentos antes que otra persona pudiera hacerlo. Comencé a recoger lo que había en el escritorio y en otros muebles y me quedé sorprendido. Había mucho dinero en efectivo; varias cuentas en bancos de diferentes países y una gran cantidad de documentos importantes. Ninguno de nosotros imaginaba que fuera una persona de tanta riqueza.

José había nacido en un hogar humilde de pastores de ovejas. Su niñez y juventud fueron de extrema pobreza, pero poco a poco fue haciendo negocios que lo convirtieron en un hombre próspero. En ese momento, recordé que algún tiempo antes de su muerte me llamó a su oficina para decirme que sentía en su corazón que debía ayudar a la iglesia. No pudo cumplir con su deseo. Me recordó la parábola del rico insensato que confundió tiempo con eternidad. Pensó que la vida es para siempre. Nos olvidamos de lo que dice el Salmo 144:4: *"Sus días son fugaces como una sombra".*

CAPÍTULO 13

Para festejar el primer aniversario del nuevo edificio, invitamos a uno de los evangelistas más conocidos en Europa. Declaramos noventa noches de oración en preparación para esos días de avivamiento. La campaña debía empezar el 12 de octubre de 1987.

Pocos días antes del inicio de la campaña, el evangelista canceló su compromiso con nosotros y tuvimos que buscar frenéticamente a alguien que lo reemplazara. Los que yo conocía estaban todos comprometidos con otros empeños. Finalmente, alguien me sugirió el nombre de un joven evangelista de California, quien estaba dispuesto a venir a pocos días de la campaña. Sentí que era de Dios y accedí a que viniera. No sabía quién era. No había escuchado su nombre antes.

Cuando fui al aeropuerto, no sabía quién podía ser este evangelista. Como no había internet en esos días, no tenía su foto a mano. Fui esperando reconocer a un evangelista californiano. Yo tenía una idea preconcebida de cómo se visten los evangelistas californianos, ya saben: camisa amarilla, pantalones blancos, chaqueta verde y corbata azul, peinado extravagante, varios anillos en los dedos y zapatos rojos, sin calcetines.

Podía ver a los pasajeros desembarcar, pero no vi a nadie que se pareciera a un evangelista californiano. Pensando que no había llegado, empecé a irme del aeropuerto. Estaba enfrascado en mis pensamientos ya que al día siguiente tenía que empezar la campaña y estaba intentando hallar una solución. Alguien me tocó el hombro y me preguntó si yo era el pastor Italo. Me di la vuelta y vi a un hombre joven, en una tenida deportiva, la camisa abierta. Era mi evangelista. Casi me desmayo. No era para nada lo que yo esperaba.

El trayecto del aeropuerto de Gando al hotel es de unos veinte minutos. Lo miraba de reojo y una gran angustia entró en mi corazón. ¿En qué me he metido? ¿Podrá predicar este tipo? Me olvidé de comentar que era un joven afroamericano y en ese entonces, en las islas había mucha xenofobia en contra de ellos. ¡Dios mío! ¡Ayúdame! Lo llevé a un buen hotel cinco estrellas, sobre la playa de las Canteras y le dije que por la mañana iba a venir a desayunar con él. Llegué a casa preocupado, sin saber qué pensar. Esa noche casi no dormí. A la hora acordada fui a buscarlo para desayunar. Lo llamé a su habitación y pocos minutos después lo vi descender las escaleras y se me fue el alma al suelo. Vestía un bañador pequeño, color azul y una toalla. Nada más. Quise llorar. Pensaba: este hombre ha de destruir la iglesia.

¿Cómo arreglo esto? Noventa noches de oración, toda una campaña publicitaria, expectativa en la congregación. ¿Ahora qué hago?

Le pregunté cómo estaba y me contestó: "Victoria, victoria, victoria". Hablamos un poco y le dije que a las 18:00 hrs. lo iba a recoger para ir a la iglesia y le sugerí que vistiera traje y corbata. Ese día no pude almorzar. Lo recogí a la hora indicada y me sorprendió. Estaba vestido con un traje negro impecable, camisa blanca y una corbata de color sólido, zapatos brillantes. Un anillo y un reloj eran sus únicas joyas. Le pregunté cómo estaba y me dijo: "Victoria, victoria, victoria". Pensé que esa era la forma en que se saludaban en California, así que yo le contesté: "Victoria, victoria, victoria" también.

Cuando llegamos al templo, estaba casi lleno. Los músicos estaban terminando su ensayo final y la gente se movía de un lado para otro con expectativa. Vi la mirada de asombro de los líderes de la iglesia cuando les presenté al evangelista. Lo miraban a él y luego me miraban a mí como diciendo: "¿Quién es este?".

Empezamos el culto y Francisco Martínez, uno de los grandes pianistas de música clásica de España, estaba al piano y la congregación se unió en las alabanzas. Desde el principio se sintió la presencia de Dios en el lugar. Finalmente, el evangelista se levantó para predicar. Su palabra fue como un bálsamo para la congregación y, al final, la gente se agolpaba en el altar para recibir salvación, sanidad o un toque del Espíritu Santo. Quedé asombrado y a la vez avergonzado por haber dudado de este joven evangelista. ¿Su nombre? Tim Storey.

Cada noche era mejor que la anterior. El auditorio estaba lleno, con gente llegando horas antes para poder entrar. Centenares de personas recibieron sanidad. Nunca tuvimos tantas almas siendo salvas como en esa campaña. Tuvimos que agregar más días de reunión y retener a Tim Storey lo más posible. Cuando terminaba la reunión, nadie se quería ir. Despedíamos a los que debían irse y los demás nos quedábamos adorando a Dios, alabando, disfrutando de la gloriosa presencia del Espíritu Santo.

Durante ese gran avivamiento, llegaron amenazas de muerte para el evangelista y para mí. Tuvimos que cambiarlo de hotel cada noche para que no lo persiguieran. Una de las noches, después del culto, vi por el espejo retrovisor de mi auto que alguien me seguía con las luces apagadas acelerando, queriendo chocarnos. Estábamos toda la familia en el auto. Señalicé que iba a doblar a la derecha y luego giré bruscamente a la izquierda. El que nos seguía quiso girar a la izquierda también, pero chocó con otro auto. Los días siguientes debí tener guardaespaldas cada vez que iba al culto y nuestros hijos tuvieron que ir acompañados al colegio.

Entre William Hinn y Tim Storey se puso el fundamento para el crecimiento de la iglesia y para la plantación de nuevas iglesias en las islas Canarias. Unos meses después sentí en mi corazón que nuestra misión en Canarias había terminado y que ahora Dios nos iba a llevar a otro sitio. Pensé que sería la Península Ibérica, pero Dios tenía un plan mejor.

Cierto día, Luis entró a la iglesia para quedarse. Ya entrado en años, caminaba con la ayuda de un bastón dando pequeños pasos, usaba unos anteojos con lentes gruesos y tartamudeaba. Fue fiel por mucho tiempo, asistiendo a todas las reuniones. Un día, recibí un llamado desde el hospital para avisarme que Luis estaba internado. Fui a verlo y lo encontré bastante desmejorado. Le pregunté si tenía familia y me dijo que tenía dos hijos: uno en Barcelona y otro a pocas cuadras del hospital. Le pregunté si habían venido a verlo y me respondió que no. Fui a ver al hijo que estaba cerca y me hizo entender con palabras muy enérgicas que no tenía ninguna intención de ir a ver a ese "desgraciado".

Aparentemente, Luis no había sido un buen esposo ni tampoco un buen padre. Sus hijos estaban todavía heridos por lo que Luis había hecho y no lo iban a perdonar. Intenté convencerlo de que viera a su padre una vez más antes de su muerte, pero todo intento fue en vano. Lo mismo con el hijo que vivía en Barcelona. Pocos días después Luis falleció. Sharon yo fuimos los únicos en el funeral.

Pienso en la ley de la siembra y de la cosecha. Lo que sembramos en nuestro cónyuge e hijos eventualmente lo hemos de cosechar.

CAPÍTULO 14

En 1988 salimos de Canarias para ir a los Estados Unidos por un año, recorriendo iglesias para recaudar ofrendas y volver a Europa.

Salimos de Las Palmas con escala en Madrid para ir a Bruselas a ver a nuestro buen amigo y compañero de ministerio, Michael McNamee, quien nos iba a llevar por tierra a Luxemburgo desde donde íbamos a volar a Islandia, luego a Nueva York y finalmente a Texas, donde íbamos a vivir. Sharon y yo habíamos decidido hacer este viaje especial para nuestros hijos.

El viaje a Madrid fue sin novedad y pasamos la noche en un hotel céntrico para que los niños pudieran recorrer las calles del casco viejo de la ciudad. Volando a Bruselas, repentinamente vimos a las azafatas nerviosas, cerrando todos los compartimentos donde estaban el equipaje de mano, y anunciaron que estábamos a punto de aterrizar. Yo miraba por la ventanilla y le dije a Sharon que ese no era el aeropuerto de Bruselas. Efectivamente, el piloto empezó a maniobrar de tal modo que el avión perdiera altitud lo más rápido posible. Apenas aterrizamos, el capitán salió de su cabina gritando que todos saliéramos rápidamente del avión sin llevar nuestros efectos personales.

Podíamos oír los gritos histéricos de los pasajeros y veía en la cara del piloto y de las azafatas lo asustados que estaban. Por un momento pensamos que había un incendio en la parte de atrás del avión. Estábamos sentados en los primeros asientos así que salimos rápidamente y en tierra unos policías nos gritaban que corriéramos hacia el edificio del aeropuerto sin mirar atrás. Me di cuenta de que nuestro hijo Bruno no estaba con nosotros. Como pude, peleando con los pasajeros que estaban bajando histéricos, volví a subir al avión y encontré a Bruno en el suelo, debajo de un asiento, buscando un casete del cantante cristiano Carman que se le había caído. Lo tomé de su mochila, lo levanté y salimos rápidamente del avión. Poco después nos informaron que habían avisado que la organización terrorista ETA había puesto una bomba en el avión. Habíamos aterrizado en una pequeña pista en Lyon, Francia.

Mis hijos estaban expectantes, deseando ver el avión explotar, pero los gendarmes hallaron la bomba a tiempo y nada sucedió. Lo malo fue que la pista era demasiado corta para que ese avión lleno de pasajeros pudiera despegar, así que nos llevaron a Bruselas en buses y en el aeropuerto nos encontramos con Michael McNamee, quien estaba frenético intentando saber qué había sucedido con nuestro vuelo.

Fuimos al hotel a descansar y al día siguiente emprendimos viaje a Luxemburgo. Michael nos vino a recoger con su Volvo azul. Todo iba bien hasta que repentinamente el capó se abrió mientras íbamos a 120 kilómetros por hora. Como pudo, salió de la carretera y con un pulpo elástico aseguramos el capó para seguir el viaje. Pocos minutos después, el pulpo saltó y se abrió otra vez el capó. Michael estaba nervioso y hablaba rápido en voz más alta que lo normal. Revisamos bien el gancho del capó y pudimos arreglarlo para que no se abriera más. Finalmente llegamos a Luxemburgo y lo invité a que se quedara con nosotros, pero no quiso. Me hizo entender que no quería correr más riesgos y volvió a Bruselas.

Unos días después nos fuimos a Islandia. Pasamos unos días extraordinarios visitando una isla fuera de lo normal. Disfrutamos de la Laguna Azul, de los glaciares eternos y del paisaje de otro mundo, de carne de ballena y no recuerdo qué otro plato típico de ese país.

Cuando por fin intentamos ir a Nueva York, en pleno vuelo parte del ala izquierda cayó al mar y tuvimos que volver Islandia. Nos albergaron en un lindo hotel y nos dieron de comer carne de oveja como nunca yo la había probado. Finalmente llegamos a Nueva York y nos quedamos unos días con Vangie y Daniel. No quisimos correr más riesgos así que alquilamos un auto y nos fuimos por tierra a Texas. Durante todo ese año, cada vez que subía a un avión algo sucedía.

Fuimos invitados a predicar en unas iglesias en California y decidimos ir por tierra. Era un viaje de varios días. Llegamos al pueblito de Van Horn, en Texas, que no tiene más de 2 mil habitantes y solo un hotel en el que hallamos la última habitación disponible. Era un día muy caluroso y los cinco nos acomodamos como pudimos en dos camas. El aire acondicionado no funcionaba muy bien y los niños estaban incómodos y acalorados. Al final pudimos conciliar el sueño y a eso de las cinco de la madrugada oí una voz que me decía que debía ir a Chile. Esa voz me despertó, pero pensé que era una pesadilla y volví a dormir. Poco después esa voz repitió esa misma orden: "Quiero que vayas a Chile". Esta vez me di cuenta de que era Dios quien me estaba dando instrucciones. Saqué mi máquina de escribir portátil, en ese tiempo no existían las computadoras portátiles ni los celulares, y escribí una carta a la oficina de misiones pidiendo que se nos permitiera ir a Chile en vez de volver a España. Sharon despertó y me preguntó qué estaba haciendo, le dije que nos íbamos a Chile y que estaba escribiendo esa carta antes que mi razonamiento me convenciera de lo contrario. Ella se sobresaltó. Le expliqué lo que había sucedido y ella me creyó.

El 4 de julio de 1990 llegamos a la ciudad de Santiago de Chile. Estábamos obedeciendo la voz de Dios que nos había sacado de Europa y nos enviaba a este hermoso país sudamericano. Pensé que nuestra estadía iba a ser de 4 años y luego íbamos a volver a Europa, pero al escribir estas líneas, llevamos 32 años en Chile. A nuestra llegada al aeropuerto Comodoro

Arturo Merino Benítez, nos estaban esperando mi hermana Érica con su marido Chris y el misionero de las Asambleas de Dios, Nick Pino.

Después de varios meses en Santiago, tuvimos la oportunidad de ministrar a los deportistas y sus familias. Los lunes, el día libre de los futbolistas, nos reuníamos en una sala de Sociedades Bíblicas, en el centro de Santiago. Varios futbolistas famosos comenzaron a asistir a las reuniones.

Tiempo después tuve que oficiar mi primer funeral en Chile. El suegro de un jugador había fallecido repentinamente. Él había recibido al Señor unas semanas antes de fallecer, en la cocina de nuestra casa. Nos prestaron la capilla Macul para hacer el culto fúnebre, que fue algo inolvidable. En la primera banca estaban las dos exesposas abrazadas llorando y, al lado de ellas, la actual amante del difunto. En la segunda banca estaban los hijos que este hombre había tenido con las tres mujeres. Así y todo, la presencia del Señor era muy tangible. Una vez en el cementerio, terminamos la prédica cantando: "Señor, llévame a tus atrios, al lugar santísimo", que era la canción favorita de este hermano.

Apenas terminamos de cantar, uno de los que lo acompañaron al cementerio pidió permiso para hablar. Explicó que el fallecido era miembro del club de tango y que había pedido como última voluntad, que le bailaran un tango. Antes que pudiera decir algo, apareció un radiocasete a todo volumen y una pareja bailó un tango en el cementerio.

Herman Gajardo estaba a mi lado y le pregunté: "¿Son todos los funerales en Chile similares a este?". Se encogió de hombros y me dijo que esta era la primera vez que había visto algo similar.

CAPÍTULO 15

El ministerio "Deportistas para Cristo" tenía éxito en llegar a los futbolistas. La mayoría del plantel de Coquimbo Unido se convirtió y un par de veces al mes yo iba hasta esa ciudad para estar con los jugadores y compartir la Palabra.

Uno de los que recibieron al Señor en esa ocasión fue Carlos Soto, quien luego fue el presidente del Sindicato de Futbolistas de Chile. Otro fue Orlando Mondaca, quien fue el primer entrenador del club Hosanna.

Cada lunes, las reuniones en el auditorio de las Sociedades Bíblicas seguían creciendo con deportistas y sus familias, y yo pensaba que esta era la razón por la cual Dios me había llamado a Chile.

Con la participación de deportistas de renombre, fundamos la "Selección de las Estrellas", cuya misión principal, además de jugar un partido, era compartir el evangelio. Esa selección abrió puertas para predicar en lugares que usualmente son inaccesibles para el evangelio.

En cierta ocasión, fuimos a Linares, una ciudad al sur de Chile, a jugar contra la selección local. El estadio se llenó con miles de hinchas que querían ver a jugadores de renombre. Al término del partido, metimos un camión en la cancha para que pudiera predicar desde la carrocería de este. Estábamos colocando el sistema de sonido cuando noté que la gente se estaba yendo. Pedí a los jugadores que empezaran a compartir su testimonio y eso hizo que la gente se quedara.

El "Cóndor" Roberto Rojas, famoso arquero de la selección chilena, comenzó a compartir su testimonio y mientras hablaba, una señora, llevando de la mano a su hija que era ciega de nacimiento, se le acercó para pedir oración por ella. Sin previo aviso oí a Roberto decirle: "No se preocupe. Una vez que termine de predicar, el pastor ha de orar por su hija y ella sanará". La gente aplaudió y los que se estaban yendo regresaron a sus asientos. Yo casi me caigo del camión.

Finalmente empezamos la reunión, la alabanza a cargo de la iglesia que nos había invitado, y luego prediqué de la mujer con flujo de sangre. Al final hice un llamamiento al altar y un centenar de personas vinieron a la cancha a entregar su vida a Cristo. Los deportistas fueron a orar con las personas junto con los obreros de la iglesia local. Ya estaba a punto de despedir a la gente cuando Luis Marcoleta se me acerca y me dice: "Pastor, no se olvide de orar por los enfermos". Esas eran palabras que no quería oír. Me armé de coraje y dije: "Si hay alguien aquí que necesita sanidad, baje a la cancha y hemos de orar por usted".

De reojo vi a esa señora con su hija ciega acercarse al camión. Yo me hice el desentendido y traté de alejarme de ella, pero fue en vano. Me tomó del brazo y me dijo: "¿Va a orar por mi hija o no?". No tuve opción. Quiero aclarar que la sanidad divina no es realmente parte de mi ministerio, aunque en ocasiones ha sucedido, pero nunca me invitan para una campaña de sanidad. Repentinamente los músicos dejaron de tocar, la gente quedó expectante viendo cómo me acercaba a esta señorita para orar por ella. Se hizo un profundo silencio en el estadio. Podía "sentir" la mirada de miles de personas. No sabía qué orar, así que toqué su frente y pude decir unas pocas palabras. Ella dio un paso atrás y se quedó mirando hacia el pasto. Luego levantó su mirada y comenzó a ver a la gente a su alrededor. Estaba asustada. Le pregunté si podía ver y ella dijo: "Creo que puedo ver". Alguien se acercó y con delicadeza le decía: "Lo que ves es el pasto y ese es el color verde. Ella es tu hermana, él es tu papá". Y comenzó a presentar a las personas que estaban cerca. La madre se desmayó y estaba tendida en la cancha.

Miré a mi alrededor y la gente se estaba arrodillando en las tribunas y en la cancha. Miré a los jugadores y vi que estaban paralizados. Me dio la impresión de que todo estaba en cámara lenta. Alguien comenzó a aplaudir y pronto miles de personas se unieron. Yo estaba perplejo, pero decidí aprovechar la ocasión y grité: "Si alguien más necesita sanidad, pase al frente ahora mismo". Ni siquiera terminé de decir esas palabras cuando vi a mi izquierda que alguien traía a una mujer en una carretilla y la "vació" a mis pies. Era una señora anciana, con una cara muy dulce. Le pregunté qué le pasaba y me dijo que llevaba 15 años sin poder caminar. Yo estaba lleno de fe y le dije: "Abuelita, hoy usted va a caminar". Ella me respondió: "Usted no entiende bien el español. No he caminado en 15 años". Luis Marcoleta la tomó de un brazo y yo del otro y comenzamos a caminar con ella. Pronto sus piernas tomaron fuerzas y después de unos minutos, comenzó a caminar por sí misma. En ese momento, se desató un pandemonio. La gente comenzó a bajar de las gradas a la cancha. Afortunadamente, Mike Shields, un misionero de las Asambleas de Dios, estaba en el estadio y entró con su auto a la cancha y me sacó de allí. Fue una noche sin igual. Ninguno de nosotros pudimos hablar después de eso. Nos reunimos en la iglesia y nos mirábamos con cara de sorpresa. Intentamos comer, pero realmente nadie tenía hambre. Una sensación de sorpresa, de maravilla, nos invadió.

Con el pasar de los meses, sentí que Dios me pedía que estableciera una iglesia. No me entusiasmaba mucho esa idea, ya que había pastoreado desde que tenía 16 años y quería hacer algo diferente, pero la voz de Dios fue clara y no me atreví a desobedecerla.

El 19 de mayo de 1991 abrimos por primera vez la puerta de la iglesia "Jesús, Única forma de Vivir". Era un día de mucha lluvia, la ciudad estaba anegada y yo me sentía algo desanimado, pensando que no iba a venir nadie, pero grande fue mi sorpresa cuando cerca de

200 personas estuvieron presentes en ese primer culto. Pedí a mi supervisor, Donald Exley, que predicara en esa ocasión.

El segundo domingo, menos personas estaban en la reunión y afuera seguía lloviendo intensamente. De hecho, cinco domingos seguidos llovió torrencialmente sobre Santiago. Había árboles caídos y la ciudad se inundaba. Cada domingo, menos personas asistían a los cultos y yo comencé a preocuparme. En mi tiempo de oración le dije a Dios que yo me había equivocado y que otra persona debía pastorear esa iglesia. Sentí en mi corazón que Dios me decía: "Todo lo que tienes que hacer es estar presente; yo me encargo de lo demás. Si estás presente, algo ha de suceder, pero si no estás presente, nada va a suceder". Me pareció algo que yo podía hacer y desde ese día en adelante, cada vez que iba a la iglesia, le decía: "Dios, estoy presente. Estoy aquí".

Nos reuníamos en el Teatro de Coco Legrand, situado en una de las más importantes avenidas de Santiago. Dios nos bendijo y pronto ese teatro era demasiado pequeño para nosotros así que buscamos dónde ir y terminamos en el Hotel Holiday Inn Crown Plaza, a una cuadra de la famosa Plaza Italia. Pronto, más de mil personas comenzaron a asistir domingo tras domingo y la presencia del Señor era cada vez más fuerte.

Uno de los miembros de la iglesia era el embajador de Malasia, un hombre sólido en su fe, junto con su esposa y sus dos hijas. La menor se enamoró de uno de los jóvenes y decidieron casarse en la hermosa iglesia anglicana. Decidimos que dos días antes de la boda haríamos el ensayo y quedamos de reunirnos a las 20:00 horas. El encargado de la iglesia iba a estar allí para dejarnos entrar y para ayudarnos con los detalles.

El día del ensayo yo estaba en un evento evangelístico-deportivo y decidí ir directamente a la iglesia sin pasar por casa para ducharme y cambiarme de ropa. Llegué transpirado y polvoriento una hora antes de lo establecido y descubrí que había gente en la iglesia. Noté que estaban bien vestidos y que las damas llevaban esos sombreros típicos de la nobleza de Inglaterra, pero no le di mucha importancia. Eran pocos y estaban todos cerca del altar.

Como estaba cansado, me acosté en la última banca para tratar de dormir unos minutos. Me despertó el ruido de la gente saliendo de la iglesia y sentí que muchos me miraron con cierto disgusto. Una que otra persona me dijo cosas desagradables pensando que yo no entendía inglés. Finalmente, el portero vino para echarme de la iglesia. Le expliqué quién era y que teníamos un ensayo de boda. Fue entonces que me enteré de que yo había llegado a un funeral y por eso la gente estaba molesta conmigo. Miré hacia el altar y, efectivamente, allí estaba el féretro que contenía los restos mortales de una dama de la iglesia anglicana.

Posteriormente, llegó el embajador, su hija, el futuro yerno y los que formaban la comitiva de la boda para el ensayo. Le pedí cortésmente al portero que moviera el ataúd para ensayar y se negó rotundamente. Ni siquiera el embajador pudo convencer a este individuo para que moviera momentáneamente el ataúd. Tuvimos que hacer el ensayo en presencia de esa muerta. La niña encargada de entrar con las flores se acercó para ver a esta señora y comenzó a gritar a voz en cuello: "¡Ha abierto los ojos! ¡Me ha mirado!", y salió corriendo de la iglesia. No quiso ensayar. Yo tampoco quería.

CAPÍTULO 16

En el año 1990 viajamos a Buenos Aires, Argentina, para participar de una reunión de planificación para evangelismo en Latinoamérica. Las Asambleas de Dios habían designado la última década del siglo XX como "La Década de la Cosecha".

Se presentaron proyectos e ideas para evangelizar adecuadamente a todas las naciones de Latinoamérica. John Bueno era el secretario de misiones de las Asambleas de Dios a nivel mundial y estaba presente. En una de las reuniones, presenté la idea de tener un equipo de fútbol cristiano en el campeonato nacional. Quería saber si podía hacer algo así. Sabía que era algo fuera de lo normal y quería la aprobación antes de que me enfrascara en una tarea muy cara y difícil. El proyecto fue aceptado por unanimidad, tal como consta en el acta de la reunión.

Después de muchas trabas y problemas, finalmente, en el año 1996 establecimos el club Hosanna. Fui a la

Asociación Nacional de Fútbol Amateur (ANFA) a presentar la documentación y pedir que se nos permitiera participar en el campeonato. Examinaron la documentación y por unanimidad nos aceptaron para participar en la 4ta división del fútbol aficionado. Tuvimos que ser aprobados por la oficina mundial de la FIFA en Suiza. La meta era subir hasta la 2ª división, que es profesional.

Cuando se divulgó la noticia de que los evangélicos tenían un equipo de fútbol en una competencia oficial, fue visto como algo fuera de lo normal y los programas deportivos de la radio y la televisión comenzaron a hacer reportajes. Cadenas de televisión de otros países vinieron a vernos, así como cadenas europeas. Se transformó en un ministerio evangelístico reconocido mundialmente.

En el año 1999, el club Hosanna fue reconocido por la prensa secular como el "fenómeno social del siglo". Miles de personas tuvieron la oportunidad de escuchar el evangelio mediante este ministerio. Orlando Mondaca fue el primer entrenador del equipo y Ariel Bergen su gran capitán. Se formó un grupo de personas que tenían sus prioridades claras. En 1998 ganamos el campeonato y subimos a la tercera división. Eso nos dio mayor plataforma, porque desde ese momento nos correspondía jugar contra equipos profesionales de gran renombre como Colo Colo y la Universidad Católica en sus divisiones sub-20.

Jugamos en el Estadio Nacional, también en el estadio Santa Laura y en el estadio de la Universidad Católica. Juntamente con el equipo compitiendo, abrimos varias escuelas de fútbol para niños y con ellas pudimos abrir iglesias en el país, así como también en Rosarito, México.

Aunque era un club muy popular con la gente de fuera de la iglesia, no fue bien visto por las iglesias y tuvimos que hacer frente a fuertes críticas, incluyendo pastores que desde sus púlpitos hablaban mal del club Hosanna y de mi persona. En ese entonces el fútbol era visto como algo del diablo y, obviamente, participar de él era un enorme pecado, aunque todos miraban en la televisión los partidos de sus equipos favoritos, pero lo hacían a escondidas. Hoy, ha cambiado la mentalidad de las iglesias. Siempre me maravilla cómo Dios cambia de parecer en cuanto a lo que es pecado y no lo es.

En el año 2000 sucedieron varias cosas importantes. Una de ellas fue el intento de adueñarse del equipo por parte de personas que, en un momento dado, fueron parte de la fundación de este. Fui llevado a siete juicios por estas personas y en cada uno de ellos se reconoció que no tenían derecho al club. Durante 17 días seguidos había reportajes en los periódicos de Santiago en contra de mí. Esta crisis afectó también a la iglesia y un centenar de personas se fueron para no volver.

También hubo problemas con la oficina de misiones y se me presentó un ultimátum: o dejas el club Hosanna o dejas de ser misionero de las Asambleas de Dios de Estados Unidos. Escogí quedarme con la visión y no con la misión. Entregamos la casa, el auto, el seguro médico y, sobre todo, el salario. Después de 27 años de ser un ministro ordenado con las Asambleas de Dios de Estados Unidos, entregué mis credenciales, sin saber qué iba a suceder después y también entregué mis credenciales de las Asambleas de Dios en Chile. Me llamó mucho la atención que nunca se interesaron en quitarme la iglesia, que seguía prosperando y creciendo.

Con el Hosanna, en varias ocasiones llegamos a la liguilla final, a un paso de subir a la segunda división, pero sucedieron cosas extrañas e injustas que nos lo impidieron.

Pudimos seguir ministrando con el Hosanna y participando de la tercera división hasta el año 2006. Para entonces, después de haber invertido cerca de un millón de dólares en el equipo, Sharon me hizo ver que ya no teníamos los fondos necesarios para seguir adelante. Conseguimos algunos *sponsors* y usamos nuestros ahorros, además tuve que pedir préstamos al banco. Fueron meses de gran nerviosismo, pero Dios siempre es fiel y pudimos cancelar todas las deudas.

Varias veces me han preguntado si realmente valió la pena, si vale la pena ver el sueño hecho realidad. Sí, definitivamente valió la pena. Hoy hay muchos que sirven a Dios porque en un momento dado existió el Hosanna. Algunos de ellos hoy están en el ministerio, como son los casos de Mauricio Durán y de Javier Vásquez, que pastorean sendas iglesias.

Uno de los grandes logros que se consiguió con el Hosanna fue el establecer escuelas de fútbol para niños.

No solamente se ministraba a los niños, sino que también a sus padres, con gran éxito. Una de esas escuelas fue la base para establecer la iglesia en Puerto Montt. Además, el Hosanna abrió la puerta para que equipos cristianos fueran formados en Argentina, Bolivia, Brasil, México y otros países alrededor del mundo.

Siempre he de recordar a un jugador que era de la ciudad de Rancagua. De hecho, ese era su sobrenombre: Rancagua. Le avisé que tenía que compartir su testimonio en un evento evangelístico. Él vivía en una parcela con sus padres, fuera de la ciudad, y fue al fondo de la parcela para practicar lo que iba a decir. Allí estaba su burro atado a un árbol. Comenzó a predicarle al burro. Al final, dijo: "Oye, burro, deja de pecar y acepta a Cristo como tu Salvador personal. Oye, burro, a ti te estoy hablando. ¿Aceptas hoy a Cristo?", y ante su enorme sorpresa, oyó una voz temblorosa que le contestó: "Sí, acepto". Ante su asombro, detrás del muro había una persona que, con soga en mano, había decidido ahorcarse. Al escuchar la prédica de este joven, cambió de idea y entregó su vida a Cristo.

CAPÍTULO 17

En una de las reuniones de deportistas en la Sociedad Bíblica, apareció un matrimonio compuesto por José y Chany. Recuerdo bien la primera noche en que asistieron. Chany se sentó en primera fila, vestida totalmente de negro, sus uñas y sus labios también negros y una mirada penetrante.

José era más bien bonachón, fornido y de sonrisa rápida. Durante la predicación, sentía cómo Chany me desafiaba con sus gestos faciales y su forma de cruzar los brazos. Fue un gran desafío predicar esa noche. Para mi sorpresa, siguieron asistiendo a los cultos y, cuando abrimos la iglesia, ellos fueron de los primeros en estar presentes, junto con sus dos hijos.

En una de las reuniones, Chany entregó su vida al Señor. El cambio en ella fue instantáneo y permanente. Cambió su forma de vestir, su mirada se transformó en una dulce; antes no sonreía, pero ahora tenía la sonrisa a flor de piel.

Se hicieron notar desde un principio por su gran generosidad. Visitando diferentes iglesias. José y Chany nos acompañaban y no era inusual que él preguntara durante el culto cuántos niños había en la iglesia, para luego llevarlos todos a una zapatería y comprarles zapatos nuevos para que pudieran ir al colegio. Regalaba televisores a los pastores. A una hermana que nos había atendido antes del culto en la ciudad de Curicó, le regaló una cadena de oro. En otra ocasión, hizo un asado con la mejor carne para todos los pastores y sus familias de las Asambleas de Dios de Chile que quisieran participar. Centenares aparecieron. Realmente era impresionante su generosidad. Tenía una compañía constructora y su oficina siempre estaba llena de clientes.

En esos días nosotros teníamos el Ministerio de Deportistas para Cristo, lo que significaba que varios futbolistas muy conocidos fueran parte de la iglesia y un buen número de ellos compraron casas como inversión. José les hacía un precio especial y la idea era alquilar la casa o venderla después a un precio mayor. Esa idea era muy atractiva y varios jugadores, tanto en Chile como en el extranjero, compraron casas.

Cierto día recibí un llamado de parte de José y me explicó que le quedaba una casa que no había vendido y pensó que podía ser un buen negocio para nosotros. Me llevó a ver la casa que estaban construyendo y me la ofreció por 15 mil dólares, pensando que el valor real de la casa era de 80 mil. Pensé en mis tres hijos que estaban haciendo planes para ir a la universidad en los Estados Unidos. Hablé con Sharon y estuvimos de acuerdo en que era una gran oportunidad. El detalle era que no teníamos ese dinero, pero se nos ocurrió la idea de pedir un préstamo a mi suegro. Lo llamamos y le explicamos esta ventana de oportunidad que se nos presentaba y ellos con mucha generosidad nos prestaron el dinero.

Mi cuñado, David Spencer, supo que su padre nos había ayudado y me llamó para saber de qué se trataba. Le expliqué la oportunidad y él también quiso comprar una casa. Fui a ver a José para pedir si era posible. Se hizo de rogar pero finalmente me dijo que tenía otra casa que recién estaban construyendo. David envió los $15 mil.

Mi padre, que estaba de misionero en Argentina, supo lo que estaba sucediendo y me llamó indignado. Me dijo que yo me había olvidado de él y que también quería comprar una casa, especialmente porque en pocos meses se iba a jubilar y la venta de esa casa podía ser de gran ayuda. Volví donde José a pedirle este último favor para mi padre. Después de hacerme rogar y esperar varios días, me dijo que sí, que podía hacer el sacrificio e incluirlo en el trato, entonces mi padre, feliz, mandó $15 mil de sus ahorros. Pasaron algunas semanas y descubrimos que esto era un gran engaño. Esas casas nunca existieron y este hombre embaucó a centenares de personas. El escándalo fue mayúsculo, con cámaras de televisión en la iglesia, entrevistando a los que fueron engañados. Fue uno de los momentos más difíciles que tuve que enfrentar en el ministerio.

José nunca terminó en la cárcel. Uno de sus socios fue por unos meses, pero nada más sucedió y las personas que sufrieron por esta estafa jamás pudieron rescatar su inversión. El nombre de la iglesia fue usado por la prensa y varias personas decidieron dejar de asistir creyendo que Sharon y yo estábamos involucrados vendiendo casas.

No solo eso, sino que tuve que explicar a mis suegros lo que había pasado y ellos fueron muy generosos con nosotros. Nos hablaron palabras de ánimo y que "era solo dinero", lo que no era tan importante después de todo. Luego tuve que explicar a mi cuñado, quien no estaba para nada contento. Finalmente, llamé a mi papá quien, como buen italiano, hizo comentarios que no puedo reproducir. Cuando se calmó dijo algo muy significativo: "Ninguno de nosotros se tomó el tiempo para consultar con Dios. Nos dejamos llevar por nuestra codicia".

Un poco más de un año después, Chany me llamó para que fuera al hospital a ver a José, quien había sufrido un ataque de diabetes y estaba muy delicado de su salud. Confieso que me costó mucho decidir ir a verlo. Lo hallé tendido en su cama, había perdido mucho peso y me fue difícil reconocerlo. Se puso a llorar y pidió perdón, dijo que todo lo que quería ahora era sanar para predicar el evangelio. Estuve con él unos treinta minutos, oré por su sanidad y me fui a casa intentando comprender lo que había escuchado.

Pocos días después, Chany llamó para decirme que José había fallecido y que si podía ministrar su funeral.

Otra vez tuve sentimientos encontrados. Por un lado, pensé que se lo merecía después de todo el daño que causó. Por otro lado, sentí tristeza. Centenares de personas asistieron a ese culto. Muchos de ellos venían para cerciorarse de que efectivamente José había muerto. Demandaron que se abriera el ataúd para poder verlo. Le escupían. Le tiraron piedras. Le gritaron insultos y maldiciones. Algunos lloraron de impotencia y de rabia porque se dieron cuenta de que sus ahorros e ilusión de tener una casa propia estaban tan muertos como José.

De forma paralela, muchos asistieron llorando porque José realmente los ayudó y fue muy generoso con ellos. Vinieron a expresar su dolor y gratitud. Nunca olvidaré este funeral.

Chany se mantuvo en su fe a través de esta experiencia tan fuerte. Un buen tiempo después, se volvió a casar, esta vez con un buen hombre, pastor de una iglesia.

CAPÍTULO 18

En el año 1993 las Asambleas de Dios de Chile invitaron al pastor David Paul Yonggi Cho a un gran evento evangelístico y conferencia para pastores. El pastor Cho llegó a Chile acompañado de un gran coro musical para la campaña y con varios pastores importantes que destacaban por tener iglesias que crecían con rapidez. Mi cuñado, David Spencer, era el encargado de coordinar los eventos en diferentes países y también era el traductor oficial del pastor Cho.

No teniendo ninguna responsabilidad en este evento, Sharon y yo decidimos que asistiríamos para poder apoyar a David y oír al pastor Cho. Llegamos cuando la primera reunión había ya comenzado. Veníamos de una actividad deportiva y yo vestía *bluejeans* y una polera y zapatillas deportivas. Sharon también estaba vestida con ropa deportiva. Cuando llegamos, un pastor nos estaba esperando en la puerta y me anunció que se habían olvidado de traer a quien iba a traducir a los pastores invitados. Le dije que a mí nadie me había asignado esa función y que no venía preparado. Me tomó de la mano y prácticamente me arrastró hacia el escenario. Le dije que no tenía mi Biblia. Le quitó la Biblia a un pastor y me la dio, luego me sentó al lado de un pastor norteamericano que me miró de pies a cabeza. Él estaba vestido con un traje evidentemente caro, una camisa impecable, una corbata que hacía juego con el traje y un pañuelo en el bolsillo de la chaqueta. A su lado, yo parecía un pordiosero. Le sonreí y le susurré que yo iba a ser su traductor. Su mirada lo decía todo.

Finalmente lo presentaron y yo me puse a su lado derecho para traducir. Al principio sentí su desconfianza, pero a medida que pasaban los minutos, él aumentó el ritmo de su predicación y yo lo seguí sin titubear. Me lanzó frases muy complicadas, pero yo no me hice problemas y lo traduje con ritmo y seguridad. La gente recibió el mensaje con un multitudinario llamamiento al altar. Satisfecho, el pastor me miró y preguntó mi nombre. Me dijo: "¡Somos paisanos! Yo también tengo sangre italiana. Me llamo James Marocco". Nos hicimos amigos y fui su traductor oficial durante toda la conferencia. No tenía ni idea de lo que eso iba a significar años después. Nunca imaginamos que Dios tenía un plan.

Cuando dejamos las Asambleas de Dios, pasamos 4 años sin salario, con la responsabilidad de la iglesia y del Hosanna. Doy gracias a Dios por la ayuda de grandes amigos como William Hinn, que todos los meses nos mandaba una ofrenda y a los hermanos de la iglesia que nos ayudaron a superar este momento tan delicado.

En el año 2004 habíamos llegado al punto más bajo de nuestra estadía en Chile y yo contemplaba volver a los Estados Unidos para tomar el pastorado de alguna iglesia o, si no, conseguir un empleo secular.

Cierto día, recibí un llamado muy extraño: era el Dr. Marocco que llamaba desde su oficina en Maui, Hawái, para decirme que cada vez que se ponía a orar Dios le ponía mi nombre en sus labios y, como él tenía que viajar a Bogotá, quería reunirse conmigo. Cuando le dije que sí, me mandó los pasajes. Hablamos mucho, me compartió su visión de una iglesia en muchos lugares. Me escuchó con mucha atención cuando contestaba sus preguntas. En esa ocasión conocí también al pastor Brian Reynolds, que era el hombre de confianza del Dr. Marocco, y a Beth Schultz, que se transformó en una gran amiga de la familia y nos hospeda cada vez que vamos a Maui. Su esposo, Jeff, es un gran amigo y juntos hemos viajado por Europa en varias ocasiones, ministrando.

Volví a Santiago sin nada concreto, pero pocas semanas después, nos mandó pasajes para ir a verlo a Maui, Hawái, y allí nos dijo que Dios le había hablado de "adoptarnos" como pastores de Kings Cathedral. Después de 4 años sin cobertura y sin salario, ahora éramos parte de una gran familia. Todavía tres veces al año nos manda pasajes para que vayamos a Maui a reuniones de inspiración y de entrenamiento. Dejamos de ser "Jesús Única Forma de Vivir" y ahora somos "Kings Catedral del Rey". Dios obra aun cuando pensamos que no lo está haciendo.

Al escribir estas palabras, llevamos más de 18 años bajo la cobertura del Dr. Marocco y puedo testificar sin lugar a dudas que Dios ha derramado su bendición sobre nosotros en una forma espectacular.

Años después, nuestro hijo Bruno también se unió al Dr. Marocco y después de pastorear por varios años la iglesia en Dallas, Texas, hoy es el pastor principal de la iglesia en Santiago de Chile y encargado de las iglesias de habla hispana en todo el continente americano, mientras yo me encargo de las iglesias en Europa.

En noviembre de 2014 tuvimos una conferencia profética en la Catedral del Rey en Santiago. Uno de los predicadores invitados era el pastor Alex Betsill, quien vino desde Maui. El último día de la conferencia, sabiendo que esa misma semana Sharon y yo estaríamos yendo a las Islas Canarias, se acercó y me dijo: "Cuando llegues a Canarias vas a necesitar esto", y me dio 500 dólares. Le di las gracias y los guardé.

Días después llegamos a la isla de Fuerteventura a ministrar en la iglesia Misión Cristiana Moderna. Ángel Manuel, pastor de esa iglesia, nos dijo que había conseguido un apartamento para que pudiéramos descansar toda la semana. Estábamos encantados con la idea de poder tomar unos días sin tener ningún compromiso, pero ese lunes por la noche sentí que debíamos ir a la isla de Gran Canaria con urgencia, así que el martes 3 de diciembre tomamos un avión y nos fuimos a Las Palmas. El miércoles temprano recibimos una llamada urgente de parte de Conchi, que nos informaba que su marido había sido internado de urgencia en el hospital.

Conocimos a Conchi en el año 1980 cuando era una jovencita de 18 años. Ella fue la única que recibió al Señor en una campaña evangelística de un mes en el polígono de San Cristóbal, en Las Palmas. Durante todos estos años ella había sido fiel a su confesión de fe. Se casó con Carmelo, quien era el chef del Hotel Iberia.

Fuimos ese miércoles temprano al hospital y encontramos a Carmelo semiconsciente. Oramos con él y, al término de la oración, entró en coma. El doctor nos pidió salir de la sala y aprovechamos para ir a la cafetería del hospital para desayunar. Conchi estaba calma a pesar de su nerviosismo. Le pregunté si tenía hambre y descubrí que no había comido en dos días porque no tenían nada que comer en casa. Carmelo había sido despedido de su trabajo meses antes y no podía hallar empleo debido a su enfermedad, por lo que habían gastado todos sus ahorros y se quedaron sin dinero.

Conchi nos comentó que no había podido pagar las cuotas del seguro de vida y que ese mismo día vencía el pago e iba a perder la póliza. Le pregunté cuánto debía y ella me contó que eran ¡500 dólares! Le dije que llamara a su agente de seguro para decirle que tenía el dinero para cancelar lo que se debía, cosa que hizo de inmediato. Cuatro horas después de pagar la póliza, Carmelo entró en la eternidad. Acompañamos a Conchi esos días en el tanatorio y la pudimos ayudar a superar esos momentos tan dolorosos.

Este episodio me hizo ver lo detallista que es Dios. Dios le habló al pastor Alex Betsill para que me diera los 500 dólares. Dios me dijo que debía viajar urgente a Las Palmas y olvidar esa semana de vacaciones en Fuerteventura. Dios nos permitió estar con Carmelo en sus últimos minutos de conciencia y asegurar su entrada en el cielo. Dios nos permitió estar con Conchi, consolarla y ayudarla en los momentos más difíciles y tristes de su vida.

Estoy muy impresionado de lo detallista y puntual que es el amor de Dios para sus hijos.

CAPÍTULO 19

Después de un trasplante de hígado y de una prolongada batalla contra el cáncer al páncreas, mi cuñado, David Spencer, murió en Managua, Nicaragua. Su esposa Bonnie y su hija Shanna estuvieron con él cuidándolo con mucho cariño hasta el final. Bonnie era una mujer estupenda, cariñosa y querida por todos. Una mujer de gran discernimiento espiritual y muy poderosa en la oración. Ella y David tuvieron tres hijas. Al escribir estas palabras, Bonnie también ha fallecido mientras estaba en Nicaragua visitando las iglesias.

David era muy conocido en Nicaragua. La iglesia que él estableció, Hosanna, tiene cerca de 20 mil personas. Abrió varias iglesias en el país, un orfanatorio e instituto bíblico. Tuvo programas radiales y televisivos que eran vistos por millones de personas en Centroamérica. Era muy amado por todos y respetado por los pastores de diferentes denominaciones. El presidente de Nicaragua, Daniel Ortega, lo honró concediéndole la nacionalidad nicaragüense honorífica por su larga trayectoria en beneficio del pueblo, además con la más alta condecoración que se puede otorgar a un civil: la medalla de oro Rubén Darío.

Sharon y yo de inmediato compramos pasajes a Nicaragua para honrar a un gran hombre de Dios, además de ser un querido miembro de la familia. El día en que debíamos viajar, amanecí con un severo caso de vértigo. No podía mantener el equilibrio. Vomité todo lo que tenía en el estómago. Llamaron al doctor, que me vino a ver y me recetó algunas pastillas para controlar estos vértigos. De ninguna manera podía viajar, así que decidimos que Sharon tenía que ir sola a Nicaragua y yo me quedaba bajo el cuidado de Sandra y de nuestra nieta Alessandra. Pasaron varios días y yo seguía con estos vértigos. Para ir al baño tenía que ir gateando o apoyado a la pared.

En mis oraciones, cierto día, confesé a Dios que no entendía por qué me sucedió esto justamente cuando más necesitaba viajar, pero entendía que no había coincidencias con Dios y que si me había quedado en Chile era por algo importante.

Ese mismo día recibí un mensaje de WhatsApp de una pareja de la iglesia que me decía que su hija de 16 años había ido al colegio, como todos los días, pero luego se había escapado y que no la podían encontrar. Yo pensé: "Cuando yo tenía esa edad, varias veces me escapaba del colegio con algunos amigos para jugar al billar, ir a ver una película o simplemente pasear". No le di mucha importancia y contesté tratando de tranquilizarlos.

A eso de las 18:00 hrs. me mandaron otro WhatsApp que decía: "Necesitamos que venga urgente a esta dirección", y me incluía un mapa. Llamé a mi hijo Bruno para que me recogiera ya que yo no podía manejar, y siguiendo el mapa que me habían mandado llegamos a un Starbucks en el centro de la ciudad. Había varios policías que vigilaban la entrada y personas aglomeradas afuera. Yo no entendía qué había sucedido. Con la ayuda de mi hijo, intenté entrar para hablar con los padres que estaban dentro del recinto. Un carabinero me dijo que no podía entrar. Le dije que era pastor y que me habían llamado expresamente. Finalmente, un oficial, que era cristiano, me dejó entrar. Me encontré con la familia reunida y uno de ellos me puso al tanto de lo que había sucedido. Esa joven se había encerrado en el baño de mujeres y había cometido suicidio. La familia estaba deshecha. Empezaron a acusarse el uno al otro. "Si tú le hubieras prestado más atención...". "La culpa es tuya por no haber visto las señales de que estaba deprimida...". Todos gritaban. Todos fuera de control por el dolor tan intenso y la impotencia, tanto es así que el oficial de carabineros amenazó con arrestar a unos cuantos. Le pedí al oficial que me permitiera intervenir y comencé a hablar con la familia y tranquilizar los ánimos. Hablé con cada uno de ellos, personalmente, intentando consolarlos y pidiendo su ayuda para superar este momento difícil.

Como una hora después el oficial de carabineros me pidió que lo siguiera y me llevó al baño para que yo arreglara un poco el cuerpo de la joven antes de que sus padres la pudieran ver. Como pude, le arreglé la ropa, el cabello, la acomodé en el piso de ese baño y luego acompañé a los padres a que la vieran. Al escribir estas palabras me brotan lágrimas de los ojos y quisiera mil veces no haber visto a esa madre desconsolada intentando revivir a su hija.

De acuerdo con el documento que dejó en su computadora, la joven había decidido quitarse la vida por el *bullying* del que estaba siendo objeto por algunos de sus compañeros del colegio. Esa noticia se propagó rápidamente y, por eso, alumnos del colegio, profesores, el ministro de Educación, cámaras de televisión, familiares y curiosos asistieron al servicio fúnebre al día siguiente. Me pidieron que yo predicara.

Horas antes de la señalada para el culto, el lugar estaba repleto y, cuando yo llegué, no me dejaban entrar. Finalmente, cuando entendieron que yo era el predicador y que me estaban esperando, me escoltaron al frente del auditorio junto con Juan Sáez, un joven de la iglesia, quien me había recogido ya que Bruno tenía que predicar en su iglesia.

Como dije, el lugar estaba repleto. Varias personas intervinieron, compañeros de curso, amigos y diferentes miembros de la familia. Finalmente, me tocó compartir y me tuvieron que sostener para llegar al podio. Miré a la congregación y lo primero que pensé es que necesitábamos un abrazo. Les dije: "No sé usted, pero yo necesito que alguien me abrace. ¿Por qué no nos tomamos el tiempo para abrazarnos y consolarnos?", y ante mi sorpresa, todos se pusieron de pie y se abrazaron. Minutos después pude compartir el mensaje y dar la oportunidad para que todos pudiéramos hacer las paces con Dios. Había silencio, solo roto por sollozos. Sus compañeros de la escuela la honraron cantando una de las canciones que ella había compuesto.

Al día siguiente, otra vez el auditorio estaba lleno y esta vez Bruno y Heather, Sandra y sus hijos, Cesar y Alessandra, me acompañaron. Había cámaras de televisión, reporteros gráficos, autoridades del gobierno. El que coordinaba la reunión me dijo que solo orara el Padre Nuestro ya que no había tiempo para más, pero cuando miré a esa multitud, pensé: "Esta es mi oportunidad para evangelizar" y prediqué otra vez el evangelio. La gente recibió el mensaje con mucho respeto y fueron tocados por la presencia de Dios.

El dolor que vi en la familia, las recriminaciones y los lamentos, me dejaron impactado de por vida. Me di cuenta de lo egoísta que es la persona que se suicida. Deja a su familia y sus amigos destruidos. Su abuelo era pastor y por mucho tiempo no pudo predicar.

Mi oración es que ninguno de los que leen estas palabras tenga que pasar por esta tragedia tan dolorosa.

CAPÍTULO 20

En los últimos 18 años, durante el mes de mayo Sharon y yo hemos ido a Maui para asistir a una de las tres conferencias anuales de entrenamiento que el Dr. Marocco ha establecido. Nos mandan el pasaje y casi siempre nos hospedamos en la casa de Beth y Jeff Schultz.

En mayo del 2019, fuimos a Maui como de costumbre, pero al finalizar la conferencia me informaron que mi madrastra, Frances, había sufrido un derrame cerebral y, como consecuencia, estaba internada en un hospital.

Mi padre sufría de demencia senil y, por consiguiente, necesitaban que fuéramos por unas semanas a cuidarlos y así darle tiempo a una de mis hermanas de irse a vivir con ellos. Mis padres vivían en Grand Rapids, Michigan. Al llegar, mi hermana Wanda estaba presente, pero tenía que regresar a Perú, donde ella junto con su marido, Rich Ferguson, eran misioneros. Hallamos a mi mamá en el hospital paralizada del lado izquierdo de su cuerpo, con impedimento para hablar.

Ella fue una mujer extraordinaria. Se había graduado del Moody Bible Institute en Chicago y después se graduó como enfermera. Fue a la ciudad de Santa Cruz, Bolivia, como misionera enviada por la misión Bethesda. Era soltera, rubia, de piel blanca. En esos años, 1955, no había muchas mujeres como ella en la ciudad. Estableció un orfanatorio que hasta el día de hoy sigue funcionando y centenares de niños y jóvenes, que pasaron por ese establecimiento, recibieron no solo una formación cristiana sino bases para una vida útil en la sociedad. Varios tuvieron la oportunidad de emigrar a los Estados Unidos.

Después de convalecer de su accidente automovilístico en el cual mi mamá murió, mi papá regresó de Italia a Santa Cruz. Alguien de la misión Bethesda le habló de esta estupenda mujer, entonces, se conocieron y tuvieron un noviazgo de cerca de un año hasta que finalmente se casaron. Otra muestra de su valentía fue que ella estaba dispuesta a casarse con un hombre que ya tenía tres hijos.

Una mujer independiente, capaz de valerse por sí misma, pero ahora está postrada en una cama, incapaz de ir al baño sola. La vi muy quebrantada, intentando recuperar su movilidad, sabiendo que eso, a su edad, ya no era posible.

Todos los días Sharon y yo íbamos al hospital para estar con ella. Llevaba a mi papá para que pasara algunas horas junto a su esposa, aunque a veces no la reconocía debido a su demencia senil. En varias ocasiones tuve que salir de la habitación porque el dolor que sentía al ver a estos dos héroes de la fe en esas condiciones tan deplorables era inaguantable.

Muchas preguntas surgieron en mi mente. Después de más de 50 años en el ministerio se encontraban en esta condición, en la que habían perdido no solo su salud sino también su dignidad. Me costó mucho hallar una respuesta, aunque lo peor iba a suceder después.

Era obvio que ella no podía volver a casa en esas condiciones y mucho menos atender a mi papá. Uno de los días más difíciles de mi vida fue cuando tuve que ir a hablar con mi mamá para decirle que ya no podía volver a casa sino que debían ir a vivir a un lugar donde podían ser asistidos tanto de día como de noche. Ella entendió la situación y comenzó a llorar. Le dije que habíamos hallado una institución cristiana donde podían ir. Un lugar muy lindo y tranquilo, con atención las 24 horas del día. Una linda habitación que hasta tenía cocina para ellos dos y donde podían tener una vida independiente. Sin embargo, para que eso sucediera, debíamos vender su casa ya que la mensualidad era muy superior a lo que como familia nosotros, sus cinco hijos, podíamos costear. Otra vez se puso a llorar con sollozos muy profundos. Quedé muy afectado por su reacción, pero ella entendió que no había otra manera.

Pregunté a mi amigo Steve Nortier si conocía a alguien que pudiera ayudar en la venta de la casa. Nos presentó a una señora muy amable, madre de cinco hijos y miembro de la iglesia a la que Steve atiende fielmente.

Ella fue al hospital para hablar con mi mamá y contestar todas las preguntas que ella tenía. Lo hizo con gran dulzura, entendiendo la seguridad que esa casa significaba para mi madre. Mis padres tenían más deudas que dinero en el banco. Esa casa era todo su capital, aunque todavía debían algo al banco.

Con mis hermanos, nuestros hijos Italo y Sandra, empezamos a vaciar la casa y prepararla para la venta. Vino mi cuñado Rich Ferguson junto a su hijo Pablo, quienes trabajaron largas horas con mucho empeño. Todavía no anunciábamos que la casa estaba a la venta, cuando un matrimonio que casualmente pasaba por la calle nos preguntó por ella. Les dije que sí, que estaba a la venta y pidieron verla. Yo les conté que la estábamos preparando pero que, si querían, podían entrar. Un par de horas después, me avisaron que querían comprar la casa, así que llamé a la agente y ella hizo todo el trámite. En pocos días, se vendió al precio que nosotros habíamos estipulado. El dinero se depositó en una cuenta bancaria especial, de la cual debían restar cada mes los gastos de la residencia. Finalmente trasladamos a mis padres al hogar que iba a ser su última morada.

Unos tres días después nos llamaron para informarnos que la mamá se había caído en el baño. Fuimos apresuradamente a ver qué había pasado. Las dos enfermeras que la debían ayudar se descuidaron y ella cayó fracturándose un par de costillas y golpeando con fuerza su cabeza. La llevamos en una ambulancia al hospital donde intentaron ayudarla pero, dada la condición en la que se encontraba, decidieron no operarla, sino darle sedantes.

Tres días después la volvimos a llevar a la residencia y nos turnábamos para estar con mis padres. Sharon y yo quedamos tranquilos, todo parecía resuelto; mi hermana Christine iba a quedarse con ellos por algún tiempo así que nosotros regresamos a Dallas para preparar nuestro viaje de retorno a Chile. Al día siguiente de llegar a Dallas, Christine me llamó para decirme que esa madrugada la mamá había fallecido a consecuencia de esa caída. Tomamos el primer vuelo disponible y regresamos a Grand Rapids.

Al llegar al hogar de ancianos, pedí que nos presentaran a las dos enfermeras que se descuidaron cuando mi mamá cayó. La directora del hogar se puso muy nerviosa pensando que íbamos a denunciarlas. Sin embargo, cuando llegaron las dos enfermeras, con Christine y Sharon, las abrazamos y les dijimos que no se sintieran culpables. Les regalamos unos pajaritos de cerámica de la colección de mi mamá. Así que el 14 de julio del 2019, mi mamá llegó a la presencia de su Padre celestial. Tuvimos un lindo culto de despedida, honrando su vida y destacando sus logros en el ministerio.

Mi papá no tenía conciencia de lo que había sucedido. Su cuerpo estaba frágil y su memoria distante. No tenía concepto del tiempo. Los años habían mermado su fuerza y su intelecto. Antes era un gran predicador y maestro de la Palabra, ahora apenas podía hablar. Yo recordaba cuando era niño, lo veía tan lleno de energía y de conocimiento. Un ávido lector que podía resolver crucigramas en varios idiomas. Ágil, veloz al caminar, ahora apenas podía estar de pie, confinado a una silla de ruedas y a su cama. Siguió en esa residencia, solo.

Yo tuve que volver a Chile, Pablo a su trabajo, Christine y Wanda volvieron a Perú. Pablo era el que vivía más cerca y periódicamente lo iba a visitar hasta que llegó la pandemia del COVID 19 y no se pudo entrar más en la residencia. Papá quedó solo y desorientado. Mi único consuelo es que no estaba al tanto de lo que sucedía a su alrededor.

Cuando falleció, el Día de la Madre, 10 de mayo del año 2020, lo hizo sin ningún miembro de la familia cerca. Por meses he sufrido pesadillas al pensar que mi papá, desorientado, falleció en la soledad de una residencia para ancianos. No se merecía una muerte así. Un hombre valiente, guardaespaldas de "Il Duce" (Benito Mussolini) durante la Segunda Guerra Mundial, emprendedor de varios negocios, había sobrevivido nueve meses en un campo de concentración comunista y, cuando recibió al Señor como su salvador, lo hizo de todo corazón, transformándose en un gran héroe de la fe. Bajo su ministerio, más de 700 iglesias fueron establecidas en Bolivia. Miles de vidas fueron transformadas en Bolivia, Argentina y Perú.

A pesar de todos sus logros, siempre fue una persona extremadamente humilde. Nunca quiso que se escribiera con detalle su testimonio. Aunque era conocido por los líderes mundiales del evangelio y era parte del comité de evangelismo mundial junto con Billy Graham, jamás lo vi vanagloriarse de su fama. Además, con su ejemplo me enseñó lo que es ser generoso. Recuerdo que cuando compraba ropa, siempre compraba para sus pastores.

Debido a la pandemia, menos de diez personas podían estar en el cementerio. Pablo, Sharon y yo fuimos los únicos presentes en el pobre entierro de un gran hombre de Dios.

Viendo a mis padres sufrir antes de su muerte, me pregunto: El envejecer, ¿es una bendición o una maldición? Mi oración es que mi cuerpo no sobreviva a mi mente.

CAPÍTULO 21

No nos gusta pensar en la muerte, aunque todos los seres vivientes eventualmente han de morir. El genial escritor norteamericano Ernest Hemingway señaló: "Lo único que nos separa de la muerte es el tiempo". Sabemos que llegará el día en el que nuestro tiempo sobre este planeta llegue a su fin. André Malraux, famoso escritor francés dijo: "La muerte solo tiene importancia en la medida que nos hace reflexionar sobre el valor de la vida". El escritor conocido mundialmente, Mark Twain, lo ve de esta manera: "El miedo a la muerte se debe al miedo a la vida. Un hombre que vive plenamente está preparado para morir en cualquier momento". Por otra parte, Mario Benedetti expresó: "Después de todo, la muerte es solo un síntoma de que hubo vida". Finalmente, uno de mis autores favoritos es Pedro Calderón de la Barca, quien nos hace la siguiente pregunta: "¿Qué es la vida? Un frenesí. ¿Qué es la vida? Una ilusión, una sombra, una ficción, y el mayor bien es pequeño; que toda la vida es sueño, y los sueños, sueños son".

La Biblia en la epístola de Santiago, nos enseña que la vida es pasajera, como si fuera una neblina. El rey David en el Salmo 144:4 nos dice que los días del hombre sobre la tierra *"son como la sombra que pasa"*. Por eso el apóstol Pablo nos amonesta en la epístola a los Efesios: *"Mirad, pues, con diligencia cómo andéis, no como necios sino como sabios, aprovechando bien el tiempo porque los días son malos"*. En el libro más antiguo de la Biblia, Job, aparece la siguiente pregunta: *"Si el hombre muriere, ¿volverá a vivir?"* (Job 14:14).

Se calcula que hay unas 4.200 religiones en el mundo y todas ellas tienen una respuesta diferente en cuanto a lo que sucede con aquel que muere. Algunas de ellas describen el cielo como un sitio de eterno placer sexual y que todo varón que llega al cielo tendrá un buen número de mujeres hermosas para disfrutar. Aparentemente las mujeres van al cielo para servir a los varones y cumplir con sus deseos más obscenos. Es una religión perversa e inmoral que solo los perversos la siguen. Hay las que creen en la reencarnación; de acuerdo con cómo la persona se ha portado en esta vida es reencarnado en un animal o en otra persona, lo que no explica por qué hay un constante crecimiento de la población mundial. Otras creen que no hay nada después de la muerte, simplemente un eterno descanso.

Los que creemos en Cristo como nuestro Salvador, tenemos esperanza porque Cristo no solamente murió, sino que también resucitó y nos dejó palabras de consuelo y esperanza como las que vemos en Juan 14:2,3:

"En la casa de mi Padre muchas moradas hay, de otra manera, os lo hubiera dicho. Voy, pues, a preparar lugar para vosotros. Y si me fuere, y os preparare lugar, vendré otra vez, y os tomaré a Mí Mismo; para que donde Yo estoy, vosotros también estéis". Nos da la pauta de que hemos de estar con Él y eso siempre nos llena de paz y de esperanza.

No solo hallamos palabras de consuelo y de esperanza para aquella persona que se enfrenta con el fin de sus días, sino que también hay palabras que nos traen sobriedad. Hay versículos que nos hablan de un juicio. Por ejemplo, Mateo 12:36 dice: *"Mas yo os digo que de toda palabra ociosa que hablen los hombres, de ella darán cuenta en el día del juicio".* En la epístola a los Hebreos 9:27 leemos: *"Y de la manera que está establecido para los hombres que mueran una sola vez, y después de esto el juicio".*

La Biblia nos enseña que habrá dos juicios diferentes: uno para los creyentes y otro para aquellos que desecharon el amor de Dios. El primero es para recompensar obras hechas en vida y el otro, para castigo eterno. Al final de los tiempos, todos nos hemos de presentar ante el juez de todo el universo.

No sé usted, a mí me causa cierto temor tener que presentarme ante el juez de la creación y dar cuenta de mí. Es un juicio muy detallado. Todas nuestras acciones son examinadas. Nuestros pensamientos, las intenciones, hasta las palabras ociosas que hemos dicho serán recordadas.

Me imagino que usted, así como yo, nos hemos preguntado cómo puede ser tan minucioso. ¿Toda palabra ociosa? ¿Todo pensamiento? ¿Toda acción? Yo pensaba que Cristo había utilizado una hipérbole para dejar un mensaje. Es similar a cuando le decimos a nuestro hijo: "Te he dicho mil veces que cierres la puerta". Uno exagera para poder grabar un mensaje en la mente del que nos oye.

Sin embargo, la Biblia es muy específica en enseñar que ningún pecado ni ningún pecador han de entrar en los cielos. El profeta Habacuc nos dice que Dios no puede ni siquiera mirar el pecado. Otro profeta, Ezequiel, es más directo: *"El alma que pecare, esa morirá".* Me doy cuenta de que Dios toma muy en serio eso del pecado, mientras que nosotros lo tomamos como algo que no tiene mucha importancia. Nos consolamos con palabras como: "Dios es amor y, al final, todos seremos salvos". "Él conoce mi corazón". "Yo no he dañado a nadie". "Dios me ha creado tal como soy". "Mis padres tienen la culpa de que yo me comporte de esta manera". "No me juzgues". "El diablo me hizo pecar". "Todos lo hacen". "La Biblia es un libro antiguo que necesita ser revisado y puesto al día". "No vivo bajo la ley, sino que vivo bajo la gracia". "Una vez salvo, siempre salvo". Y con excusas semejantes, intentamos acallar nuestra conciencia, tranquilizar nuestros temores y seguir con nuestros pecados. Tememos más ser descubiertos por la esposa que por Dios en nuestro pecado. Pero todas estas excusas revelan la dureza de nuestro corazón y la falta de amor hacia Dios. No solo eso: revelan también nuestra incredulidad. Estamos dispuestos a creer que

Dios es nuestro Padre, pero no creemos que Dios sea nuestro juez.

Todos razonamos nuestros pecados. En mis años en el ministerio, he oído a muchos razonar su vida de pecado. Por ejemplo, parejas que viven en adulterio o fornicación me han dicho: "Nos amamos tanto que esto no puede ser pecado. ¿Cómo puede ser pecado? Dios nos entiende". En varias ocasiones oí a personas decir: "Dios me dijo que cometí un error al casarme con ella y tengo que dejarla para unirme a esta otra mujer", que casualmente es mucho más joven o adinerada que la esposa.

Últimamente se ha puesto de moda por predicadores el mensaje de la "súper gracia de Dios" y muchos justifican su falta de moralidad creyendo que, después de todo, la gracia de Dios nos ha de perdonar, sin entender que vivir bajo la gracia de Dios es más difícil y requiere mayor santidad que vivir bajo la ley. La gracia de Dios nos ayuda a vivir en santidad.

Sin embargo, creo que el pensamiento más peligroso es el de aquellos que piensan que, porque han repetido una oración junto a su pastor en la iglesia, todos los pecados que cometen desde ese momento en adelante están perdonados y que no se necesita nada más. Eso es todo lo que necesito y no hay más requisitos. Yo he descubierto, por experiencia propia, que no es así.

El día 3 de junio de 2021 volamos desde Maui a Dallas para estar unos días con nuestro hijo Italo, su esposa Amy y sus cuatro hijas. El día 5 de junio por la noche fuimos a ver a nuestras nietas participar en una presentación teatral, sin saber que esa noche nuestras vidas iban a cambiar para siempre. El día 8 del mismo mes fuimos a hacer la prueba de PCR, requisito para poder viajar a Madrid al día siguiente. Mi prueba fue negativa pero la de Sharon salió positiva. Empezó a tener un gran dolor de cabeza y a sentirse muy mal. Amy sugirió que fuera al hospital para que le dieran una infusión de anticuerpos. Italo la llevó y estuvo con ella hasta altas horas de la noche, esperando que la atendieran. Al día siguiente, alquilamos una casa para hacer la cuarentena de dos semanas y no contagiar a los demás. Durante cuatro días Sharon sufrió fuertes dolores de cabeza, fiebre y dolor de cuerpo. El cuarto día tuve la idea de darle un masaje y orar por ella. De inmediato se sintió mejor y el covid desapareció. Sintió el toque divino de Jesús en sanidad y empezó a saltar y cantar por toda la casa. Solo quedó con una neblina mental que paulatinamente fue desapareciendo.

Ese sábado 12 de junio prediqué desde esa casa vía Zoom a más de cien personas que participaban de un retiro espiritual en Chile. Empecé a no sentirme muy bien y el 17 de junio me hicieron la prueba PCR y el resultado fue positivo, lo que significó que debíamos continuar con la cuarentena.

Comencé a tener fiebre muy alta y problemas con la respiración, mi nivel de oxígeno bajó a niveles peligrosos. Finalmente, el día 22 Italo me llevó al hospital para que me revisaran. Ese mismo día me internaron y el doctor que me atendió dijo que seguramente en un par de días podía volver a casa. Dejaron que Sharon subiera a la habitación conmigo, pero no le permitieron volver, y por diez días no la pude ver. Quedé solo en una habitación en el hospital, con 10 litros de oxígeno y varias vías intravenosas en ambos brazos.

Todos los días me inyectaban en el estómago para prevenir coágulos de sangre. Dos doctores, uno ruso y el otro filipino, me atendieron durante mi estadía en el hospital. El doctor ruso no se atrevía a entrar en la habitación y desde la puerta miraba los números en la pantalla del computador, mientras que el doctor filipino se acercaba y me hablaba, también hablaba con Sharon por teléfono y con Sandra.

Las enfermeras eran muy simpáticas y me hablaban palabras de ánimo, menos la jefa de las enfermeras, que me recordaba que las personas de mi edad usualmente se quedaban varios meses internados y que la mayoría no aguantaba y fallecía. Sus palabras eran como flechas que penetraban en mi mente.

Una de las enfermeras era de Etiopía y le gustaba tocar mi pecho cuando me atendía diciendo que, en su país, yo sería un hombre muy rico porque tengo pelos en el pecho. Nunca entendí cómo el simple hecho de tener pelo en el pecho lo hace a uno rico.

No permitían que nadie me visitara, lo que hacía que la soledad fuera muy difícil de soportar. Gracias a Dios, tenía el celular, lo que me permitía hablar con Sharon y con mis hijos. Debo agradecer al pastor Frank

Quintin que me llamaba desde Tenerife casi todos los días, aun cuando yo no podía hablar, y oraba por mí.

Las noches estaban llenas de temores. Me di cuenta una vez más que el campo de batalla es la mente. El enemigo me llenaba de pensamientos negativos de tal forma que el temor comenzó a apoderarse de mí y me estaba convenciendo de que, en realidad, yo no iba a salir con vida de ese hospital. Sandra me envió un enlace para poder escuchar alabanzas durante la noche, lo que me ayudó a poder dormir y no tener pesadillas.

El sábado 26 de junio fue el peor día de mi estadía hospitalizado. El doctor llamó a Sharon para prepararla. Yo me sentía muy mal y, a pesar de que subieron de 4 a 10 litros de oxígeno, me costaba respirar. Mis pulmones habían colapsado. Sharon se puso a llorar y a orar.

Yo intentaba respirar y llenar mis pulmones, pero cada vez era más difícil. Sentí que mis fuerzas se iban y mi cuerpo se hacía más liviano. Era la misma sensación de estar flotando. No sabía bien lo que me estaba pasando. Fue una experiencia nueva. Sentí que era llevado a una habitación oscura, con una luz muy débil, anaranjada, que me permitía ver una puerta al frente de donde yo estaba. No sentía temor, pero miraba esa puerta y sabía que, si yo la abría, no podría volver atrás. Sentía la presencia de otra persona a mi derecha, pero no la podía ver. No sé si era un ángel o si era Cristo mismo.

Recordaba la narración de personas que mueren y ven una luz al final de un túnel y son recibidos con aplausos y alegría por seres queridos que ya han fallecido. No vi ninguna luz, ni ángeles, ni escuché música celestial, lo que sí sucedió es que toda mi vida pasó ante mis ojos.

En la oscuridad de esa habitación aparecieron imágenes como si fuera un plasma gigante o una pantalla de cine. Podía ver imágenes de mi niñez. Me podía ver, con todo detalle, incluso cuando entré a una tienda para robar un huevo. Tenía 8, tal vez 9 años. Mi mamá me había mandado a comprar huevos y pan a la tienda de la hermana Nieves, miembro de la iglesia que mis padres pastoreaban, a media cuadra de la casa. Podía sentir el calor sofocante de una tarde de verano en Santa Cruz, Bolivia. Me vi con la camisa azul a cuadros, unos pantalones cortos y sandalias. Mi pelo muy corto, como se usaba en esos días calurosos. Pude oler la fragancia de un pan con queso que en Bolivia llaman "sarna", por su parecido con esa enfermedad de la piel. Compré pan y unos huevos, pero regresando a casa un huevo se me escapó de las manos. Decidí volver a la tienda y, en un descuido de la hermana Nieves, robé un huevo. Yo no recordaba ese episodio.

Y ese fue el principio de la entrevista.

Ese ser que estaba conmigo en la habitación me preguntó qué era eso. Yo quería decir que era una chiquillada, era apenas un niño de no más de 9 años, pero no pude: tuve que admitir que había robado. Me dijo: "Así que tú eres ladrón". Yo intenté defenderme y decir que no, no soy ladrón, pero comenzaron a aparecer imágenes de otros momentos en mi vida en los que yo me quedé con algo que no me pertenecía. Momentos en que me quedé con dinero que no era mío. Cuando joven, encontré una billetera en un restaurante y en vez de entregarla, me quedé con el dinero que había dentro, y así, muchos casos más. Tuve que admitir que sí, yo era ladrón.

Vi las imágenes de cuando yo tenía unos 12, tal vez 13 años en Italia y tomé el reloj antiguo de mi abuelo para mirarlo. Se me cayó de las manos y se rompió. Lo volví a colocar en el cajón del escritorio y, cuando él me preguntó si yo lo había tocado, le eché la culpa a mi hermana.

Inexorablemente aparecieron más imágenes de mi vida. Todo pecado, por más insignificante, apareció en esa pantalla. Sentí una enorme vergüenza. No quería que ese ser viera esas imágenes. Aparecieron escenas de mi juventud, cosas que había hecho, mentiras, chistes de camarín de fútbol, a las que yo no le había dado tanta importancia, que no eran gran cosa, pero estaban allí en esa pantalla con lujo de detalles. Una y otra vez ese ser me preguntaba qué era eso. No pude defenderme. Tuve que contestar siempre con el nombre que Dios da a lo que yo había hecho. Eso es mentira. Eso es engaño. Eso es enojo. Esa es una mala palabra. Eso es lujuria. Eso es robo. Eso es odio. Es ira. Es resentimiento. Es envidia. Es falta de perdón. Una y otra vez. Mil imágenes y cada vez ese ser pidió que yo declarara lo que había sucedido. Quise defenderme, pero no podía.

Sentí un intenso dolor en mi espíritu, no en mi cuerpo. Mi cuerpo estaba tendido de bruces sobre la cama en el hospital y no sentía nada, pero mi espíritu comenzó a tener un dolor que no puedo describir. Yo rogaba que esa entrevista terminara de una buena vez.

Vi los momentos de violencia, de ira. Me podía escuchar maldecir e insultar. Me vi en un estadio lleno durante un partido de fútbol y en un momento dado el árbitro cobró una falta contra mi equipo favorito. Miles de personas gritaron obscenidades. Lo podía escuchar como si estuviera en el estadio. Yo me uní a los que gritaban y en el momento en que dije algo indebido, no se oía a los demás, sino solo mi voz fuerte, clara, con el insulto que le dediqué a ese pobre hombre. En otro partido, deseé la muerte del árbitro. Vi las veces en que, mientras manejaba mi auto, maldije a los otros conductores; como cuando una mujer que creía que sabía conducir hizo una maniobra imprudente y casi me choca, y yo la insulté con palabras y gestos.

Me preguntó otra vez qué era eso. Yo quería decirle que eran palabras que se lleva el viento, que no significan nada, pero no pude. Brotó dentro de mí otra vez Mateo 12:36: *"Mas yo os digo que de toda palabra ociosa que hablen los hombres, de ella darán cuenta en el día del juicio".* ¿Ha deseado alguna vez que alguien se muera? Yo lo he dicho y, de hecho, lo deseaba de todo corazón y lo he deseado más de una vez. Y allí estaba eso en la pantalla y podía oír mi voz maldecir y desear que esa persona muera, e intentaba dar una explicación de por qué había dicho tal cosa, pero no pude.

En ocasiones, mi padre era violento en casa, no solo con mi madre sino que también con nosotros, sus hijos. En esa pantalla apareció el momento cuando, con un golpe de puño, desencajó la mandíbula de mi hermano Pablo. En esa ocasión sentí tanta impotencia, tanta rabia que pensé: "¿Por qué no te mueres de una buena vez?". No me atreví a decirlo en voz alta, pero en mi corazón en ese momento condené a muerte a mi propio padre.

¿Cuántos han deseado el mal para otra persona?: "Que fracase en ese negocio". "Señor, si no te lo llevas, te lo mando". "Espero que no se recupere de esa enfermedad". "Espero que le vaya mal". Esas palabras, esos pensamientos, se reflejaron en mi pantalla. Mc vino a la mente Mateo 5:22, cuando Cristo dijo: *"Pero yo os digo que cualquiera que se enoje contra su hermano, será culpable de juicio; y cualquiera que diga: necio a su hermano, será culpable ante el concilio; y cualquiera que le diga: fatuo, quedará expuesto al infierno de fuego".* Cristo pone ira, enojo, las palabras insensatas, al mismo nivel que asesinato, porque se originan en el corazón. Las palabras "necio" y "fatuo" en el idioma original se usaban cuando alguien deseaba la muerte de otro. Nosotros lo tomamos como algo liviano, pero Dios sabe que de la abundancia del corazón habla la boca.

También oí mi voz hacer promesas que nunca cumplí. ¿Ha hecho alguna promesa ante Dios y no la ha cumplido? Tal vez usted se ha olvidado, pero Dios no se olvida. Por ejemplo, recientemente alguien me llamó para decirme que su nieta de pocos meses estaba en el hospital en un estado muy grave. Cuando fuimos para orar, el abuelo, que no asiste a la iglesia, me dijo: "Italo, si Dios la sana, prometo ir a la iglesia todos los domingos". Oramos y Dios la sanó. El abuelo asistió unos cuantos domingos a la iglesia pero luego desapareció.

Personas me han dicho: "Ore por mí. Si firman este contrato, he de dar el 50% al Señor". Firman el contrato, obtienen la respuesta a sus oraciones y nunca más se vio a esa persona. Del mismo modo, con aquellos que prometieron ante Dios diezmar fielmente si conseguían ese empleo que tanto anhelan, sucede que Dios oye su oración y consiguen ese empleo, diezman un par de veces para luego olvidar su promesa. En ocasiones, prometieron donar a la iglesia propiedades, autos, casas, para luego desaparecer de la iglesia y no ser vistos otra vez. Tal vez usted ha hecho promesas de esa clase. Dios no olvida.

Como pastor, muchas veces he dicho: "No se preocupe; he de orar por usted" y luego voy a casa, almuerzo, miro fútbol en la tele y me olvido por completo de esa promesa. También hay promesas que uno hace al cónyuge, a los hijos, a los amigos y no las cumple; o aquellos que juraron por Dios o por sus hijos y luego no cumplen. Mateo 5:37 nos enseña: *"Pero sea vuestro hablar: Sí, sí; no, no; porque todo lo que es más que esto, de mal procede".*

Me vi haciendo cosas y diciendo palabras y pensaba: "¡Cómo pude ser tan estúpido! ¡Cómo pude ir a tal sitio! ¡Cómo pude decir esas palabas! ¡Cómo pude pensar esas cosas! Rogaba a gritos que no mostrara más imágenes de mi vida, pero era en vano. Todas las veces que había cometido pecado y no lo había confesado ante Dios se proyectaron ante mis ojos. Todo pensamiento indebido. Toda vez que miré a una persona en forma indebida. Toda maquinación en contra de otro. Yo quería gritar, pero mi cuerpo no respondía, solo mi espíritu gritaba y gemía. Quería salir de esa habitación, pero no me podía mover. Las imágenes de mi vida continuaban en la pantalla y me veía a mí mismo sucio, hediondo. Estaba postrado en el suelo de esa habitación y mi espíritu gritaba: "Ten misericordia".

Recuerdo haber pensado: "Cómo pude yo ser tan malo, tan terrible. ¿Con qué cara he predicado? ¿Por qué Dios ha permitido que siga con vida? ¿Cómo es posible que me haya llamado al ministerio?". Me vi tan vil, tan sucio, tan pecador, que esto causaba un dolor inmenso en mi espíritu y todo lo que podía hacer era pedir que Dios me perdonara, que tuviera misericordia. Sentía un inmenso dolor en mi espíritu, un dolor como nunca había sentido. Nunca había oído a mi espíritu gritar. Pero el dolor más intenso vino después.

Vi las imágenes de las veces en que intenté hacer algún negocio, hacer dinero extra para la familia, para la iglesia, para el Hosanna. Yo podía justificar las razones por las que me había metido en esos negocios, pero en ese momento, sentí el peor de los dolores en mi espíritu, el más intenso que tuve, y ese ser me preguntó qué era eso.

Yo intenté explicar por qué había intentado generar más dinero para la obra o para mandar a mis hijos a la universidad, pero no pude y el dolor de mi espíritu crecía porque podía sentir el dolor de Cristo porque yo había hecho esos negocios, que fracasaron todos; porque no podía confiar en que Dios podía suplir mi necesidad. Yo había ofendido a mi Cristo con mi falta de fe en él, en su capacidad de suplir mi necesidad, lo había herido. Hubo un largo momento de silencio intenso, ese silencio que solo se siente cuando uno ha herido a un ser amado. Podía sentir su dolor.

Luego me mostró las veces en que me distraje en vez de hacer lo que debía hacer. Las personas que había admitido en mi vida y que no eran de bendición sino de distracción. Una y otra imagen aparecía en esa pantalla. Rogaba el perdón de Dios. Imploraba su misericordia.

No sé cuánto tiempo estuve así, tal vez segundos, tal vez horas, no lo sé; pero cuando terminó esa entrevista me sentí más limpio que nunca. Sentí un gozo que no puedo describir, una euforia como nunca. El dolor de mi espíritu se había transformado en gran gozo. Sentí una enorme paz. Tenía ganas de saltar, de correr, de gritar de gozo. Estaba eufórico. Lo que sentí en ese momento va más allá de lo que puedo expresar con palabras.

Cuando finalmente me pude levantar, fui hacia la puerta para abrirla. Mi mano izquierda estaba ya sobre la manija de la puerta. En esos momentos, pude ver la pantalla donde aparecieron diferentes cosas que no había terminado, tanto en Chile como en España e Italia, también con mi familia, entonces, tuve la opción de no abrir la puerta. Pude ver trámites legales que no había terminado, tanto con la familia como con las iglesias. Cosas tan sencillas como hacer el traspaso del título de propiedad del auto a mi hijo Bruno o agregar la firma de mi esposa en la cuenta del banco.

Cuando decidí no abrir la puerta, me dio una serie de instrucciones de lo que debía hacer, personas con las que tenía que hablar y lo que les debía decir. Así, con algunas de ellas, me tenía que disculpar por cosas que sucedieron hace ya años; en algunos casos, hechos que sucedieron en mi juventud. A otras personas tenía que darles un llamado de advertencia y decirles cosas de su vida que yo antes ignoraba completamente. El proceso de pedir perdón a personas que en mi vida había ofendido fue difícil. En algunas ocasiones, eran palabras o hechos de hace mucho tiempo y tener que revivir esos momentos es complicado. En otras ocasiones, debía hacer restitución de cosas. También me pidió que no perdiera tiempo en redes sociales y mencionó, en especial, TikTok; ese mismo día lo quité de mi celular. Otra cosa que me llamó la atención fue cuando expresó su complacencia con el auto que tengo: tiene más de 12 años y unos 180 mil km. Esa entrevista ha cambiado mi vida y ha cambiado mis prioridades. Sé que mi tiempo en esta tierra es corto y que tengo mucho que hacer, por lo que no me puedo distraer como antes.

Como consecuencia de ese episodio, mi corazón ha sido dañado y parte del mismo ha muerto. Podía oír por el altoparlante el llamado a "código azul" y el número de mi cuarto, 266, además, tres enfermeras entraron en mi habitación porque mi corazón pulsaba 26 latidos por minuto y temían que yo estuviera muriendo. Me explicaron que esos latidos reflejan el movimiento eléctrico del corazón.

Aprendí varias lecciones con esa experiencia. Aprendí que el pecado no confesado no puede entrar en el cielo. Dios no puede permitir ningún pecado en el cielo porque contaminaría el lugar.

En la iglesia hacemos lo que llamamos "la oración del pecador", pero es una oración genérica. Todos los que seguimos a Cristo en algún momento hemos orado esas palabras. Esa oración nos da el privilegio de poder ser sus hijos, pero Dios espera de nosotros que confesemos nuestros pecados en forma específica. Él quiere que los reconozcamos y los confesemos. I Juan 1:9 señala: *"Si confesamos nuestros pecados, él es fiel y justo para perdonar nuestros pecados, y limpiarnos de toda maldad"* y el Salmo 32:5 dice: *"Confesaré mis transgresiones a Jehová; y tú perdonaste la maldad de mi pecado".* Aun en el Antiguo Testamento, Dios demandaba que uno confesara sus pecados. En Levítico 5:5 se lee: *"Cuando pecare en alguna de estas cosas, confesará aquello en que pecó"* y en Proverbios 28:13: *"El que encubre sus transgresiones no prosperará, mas el que las confiesa y las abandona, obtendrá misericordia".*

El pecado para ser perdonado debe ser confesado y abandonado. Cuando confesamos, nuestros pecados son perdonados y la sangre de Cristo nos limpia de toda maldad. Para explicarlo con un lenguaje que todos podemos entender, Dios no permite que algún pecado entre en el cielo porque ya hubo una pandemia allí, causada por el pecado. El paciente cero era Lucifer y un tercio de los ángeles del cielo dio positivo, entonces, tuvieron que ser puestos en una cuarentena eterna. Para poder entrar en el cielo uno tiene que ser vacunado con la sangre de Cristo obligatoriamente, ya que es la única forma de poder deshacerse del pecado, pero, además, se tiene que tomar un examen PCR: Pecado confesado es pecado revocado. Es por eso que debemos confesar nuestros pecados ante Dios. Repito: Pecado confesado es revocado. El que no confiesa su pecado, no puede entrar en el cielo porque contamina todo lo que toque. El que no confiesa su pecado es condenado a una cuarentena eterna. Entonces, Dios no puede permitir que el pecado, por más pequeño que sea, pueda entrar en el cielo.

También he aprendido de mi experiencia que tenemos la tendencia de hacer "confesiones selectivas", es decir, seleccionamos los pecados que nos agradan y los justificamos en vez de confesarlos. Por eso hay aquellos que dicen ser creyentes pero viven una vida de pecado. Siguen viviendo en inmoralidad, siguen conviviendo, siguen mintiendo y engañando, siguen viviendo en fornicación, siguen en pornografía. Saben que están en pecado, pero siguen adelante como si nada hubiera sucedido. Una vez una joven me dijo, tratando de justificar su vida inmoral: "Sé que ser lesbiana es pecado, pero yo nací así". A lo que yo respondí: "Por eso Cristo dijo que era necesario que uno vuelva a nacer".

Hay pecados que confesamos pero hay otros que no, porque son nuestros favoritos. Si usted es adicto a la pornografía, que es adulterio si está casado y es fornicación si no lo está, es muy probable que usted no ha de confesar tal pecado, porque es adicto y le gusta, entonces se justifica diciendo que no daña a nadie. Más de 150 millones de personas en promedio ven pornografía cada hora del día.

Josh McDowell dijo que "la pornografía es probablemente la mayor amenaza para la causa de Cristo en la historia del mundo". Para aquellos que ahora se están preguntando de dónde esto es adulterio o fornicación, cito a Mateo 5:28: *"Pero yo os digo que cualquiera que mira a una mujer para codiciarla, ya adulteró con ella en su corazón".*

En la entrevista, Dios usa los nombres que están en la Biblia cuando pregunta por el pecado no confesado y no los nombres tan inocuos e insignificantes que les damos nosotros. Él es muy preciso y no se olvida de ninguno. Por ejemplo, usted que está conviviendo, halla toda clase de razones y excusas para no cambiar su estilo de vida. Quiero decirle que en la entrevista, ninguna razón, ninguna excusa es aceptable. Usted que persiste en una vida de pecado, deje esa vida ahora, no espere más y confiese ese pecado delante de Dios. No persista en su pecado porque llegará el momento en el que usted no tendrá la oportunidad de arrepentirse.

Hay pecados que confesamos y hay aquellos que cobijamos en nuestro corazón porque simplemente deseamos seguir pecando. Los pecados que yo había confesado no aparecieron en esa pantalla, pero los que por alguna razón no lo había hecho, aparecieron, todos ellos, centenares de ellos.

Otra persona que oyó este mensaje una vez me dijo: "¡Qué exigente que es Dios!". Y yo pregunto: ¿Qué dice usted? ¿Qué le dice el Espíritu Santo?

Tiempo después, mientras me estaba cortando el cabello, compartí esta experiencia con mi peluquero mientras me estaba atendiendo. Yo lo miraba en el espejo detrás de mí con sus tijeras en la mano. Él se quedó pensativo, dio un paso atrás y luego me dijo: "Pastor, yo soy culpable de haber quebrantado los diez mandamientos". Lo miré sorprendido e incrédulo: "¿Los diez? ¿Acaso ha matado a alguien?". Vi una mirada extraña en sus ojos y me contestó: "Sí. He matado a tres". Esa confesión me tomó por sorpresa y me asustó mucho, especialmente porque tenía unas enormes tijeras en su mano. No sabía que mi peluquero era asesino. Él siguió diciendo: "Yo obligué a mi esposa a tener tres abortos". Luego de eso, lo ayudé a confesar su pecado y a hacer las paces con Dios.

Yo no sé si usted tendrá la misma experiencia y oportunidad que yo tuve. En mi caso, pude confesar y arrepentirme, y volver a vivir otra vez, pero eso no garantiza que usted también tendrá esa oportunidad.

CAPÍTULO 22

Después de la entrevista me sentía muy cansado. No solamente débil en mi cuerpo, sino que también en mi mente. No podía discernir lo que me había sucedido. Casi no podía hablar por la falta de fuerza y porque había quedado totalmente afónico. Me sentía desorientado.

Las enfermeras me habían colocado varios cables en el pecho para monitorear mi corazón y mi respiración. Todo estaba en silencio y fue en ese silencio que oí una voz. Abrí mis ojos intentando ver quién estaba en la habitación pero no había nadie.

En el momento más difícil de mi estadía en el hospital, Dios me dio cuatro palabras que cambiaron mi estado de ánimo y me enfundaron nueva fe. La primera palabra fue: "No temas".

Todos sabemos que el campo de batalla donde el enemigo nos ataca es nuestra mente. Allí es donde nacen nuestros problemas. Las tentaciones, los pensamientos impropios, la lujuria, el temor, las decisiones que nos llevan a la derrota. Aquellos que sufrieron con el covid saben a qué me refiero. En solitario, muy a pesar mío, la cruel batalla era en mi mente y esos pensamientos me llevaron a tener temor. La palabra que hoy infunde "temor" al más valiente de entre nosotros, es covid. Antes era cáncer.

Lo primero que viene a nuestra mente es que la persona que termina en el hospital con covid, no ha de salir con vida. Ese temor es alimentado por los programas que vemos en la tele y las noticias, que siempre indican la cantidad de personas que mueren por este virus, pero nunca nos dicen la enorme cantidad de personas que sobreviven, y muchos de ellos sin tener que ser hospitalizados y sin quedar con secuelas. El único país, que yo sepa, que declara el número de personas que sobreviven al covid es Andorra, todos los demás prefieren aterrorizar a la población. Hoy, nadie muere de otras enfermedades: todos mueren por covid.

Nuestra vida es manipulada por el temor. Alguien dijo que: "El miedo a sufrir es peor que el propio sufrimiento". Y otra frase que encierra una enorme verdad es la que dice: "Ni tus peores enemigos te pueden hacer tanto daño como tus propios pensamientos". También: "El miedo siempre está dispuesto a ver las cosas peores de lo que son". Por último, Nicolás Maquiavelo expresó: "Quien controla el miedo de la gente se convierte en amo de sus almas".

Al final del día, el temor se genera y se desarrolla primeramente en nuestros pensamientos. No sé si usted ha pasado por momentos así. Nos imaginamos cosas dantescas, extraordinariamente graves; y ese pensamiento, esa imaginación, condiciona nuestras vidas. Siempre imaginamos lo peor. Los temores más frecuentes de los adultos son los de su propia muerte o la de un ser querido.

Como ya conté, Sharon contrajo covid en una obra de teatro de una de nuestras nietas, unos días antes de que viajáramos de Dallas a Madrid. Yo la vi sufrir y retorcerse de dolor como nunca en los 50 años de casados. Me asusté porque mis pensamientos fueron condicionados por el temor. Temí que ella no pudiera sobrevivir a la enfermedad, que la internaran en un hospital y quedara aislada, sin que nadie la pudiera visitar. Ese temor me paralizó y condicionó mis pensamientos. No tuvo que ser hospitalizada, pero tuvo que hacer cuarentena por dos semanas. Yo me encerré con ella y la cuidé, y aunque parezca mentira, yo le preparaba los alimentos, hasta que descubrí que podía llamar a un restaurante y me enviaban lo que pidiera. Además, nuestra nuera, Amy, nos mandaba deliciosas cenas.

Orando por ella, al cuarto día fue totalmente sanada, sin secuelas. Lo único malo es que me contagió. A mí, el virus me tomó con violencia y afectó mis pulmones, así que me tuvieron que hospitalizar. No fueron días agradables, especialmente cuando hacían comentarios como que a mi edad y con la condición en que tenía los pulmones, no había mucha esperanza.

Como si fuera poco, una enfermera me preguntó si yo quería ser resucitado en caso de mi muerte. Asimismo, la jefa de las enfermeras me dijo que, en el mejor de los casos, iba a estar internado durante varios meses. Durante muchas noches oí los gritos de un joven llamando a su mamá. Aunque era más joven que yo, no superó la enfermedad.

Mi mente me traicionó. El enemigo sutilmente penetraba pensamientos negativos que me afectaban. Recordaba a mi cuñado, el reverendo Daniel Mercaldo, pastor de una gran iglesia en Nueva York, quien a principio de año murió por covid. Era un hombre que se cuidaba, ejercitaba todos los días, hacía dieta y controlaba sus horas de sueño. El enemigo me decía: "Si él no aguantó, tú menos". Pocos días antes de que yo enfermara, el covid se llevó a Ariel Bergen, un hombre joven, fuerte, deportista. Entonces, el enemigo me decía: "Si él no sobrevivió, no tienes esperanza". Lo peor de todo es que yo me ponía de acuerdo con mis temores. Si mi cuñado no sobrevivió, yo no tengo esperanza alguna. Si Ariel no pudo con el covid, yo menos.

¿Le ha sucedido alguna vez que se ha puesto de acuerdo con sus temores? Temor a perder el empleo; a fracasar en el negocio; a que el cónyuge se vaya del matrimonio y tantos otros temores con los que nos ponemos de acuerdo. Los pensamientos de que no iba a salir vivo de ese hospital me afectaban la salud ya que cada día empeoraba, tanto es así que el doctor llamó a Sharon para decirle, con buenas palabras, que se preparara porque era posible que no saliera con vida.

Ese día yo me había condenado a mi muerte porque permití que esos temores invadieran mi vida. El que dice que no le teme a la muerte, yo pienso que no dice la verdad. Lo que todos tenemos en común es el temor a la muerte. Tal vez usted está en ese proceso ahora mismo, en el cual el temor le impide vivir con libertad y ha condenado a la muerte su sueño, sus esperanzas, su destino.

En el silencio de esa habitación, rodeado solo por mis pensamientos, escuché una voz audible que me dijo: "No temas". Pensé que alguien había entrado en mi habitación, pero no había nadie. Entendí que era un mensaje divino para mí y hoy lo es para usted también. Así, la esperanza empezó a invadir mi ser y a cambiar mis pensamientos.

Recordé las palabras del rey David en el Salmo 56:3: *"En el día que temo, yo en ti confío".* David no negó la presencia del temor, sino que permitió que el Espíritu Santo le inyectara el antídoto al temor: "Yo en ti confío". Cuando usted tiene temor, ¿en quién confía? ¿En lo que ha leído en Facebook? ¿En lo que dijeron las noticias en la tele? ¿Lo que dijo la vecina? ¿O confía en Dios?

Sandra me había enviado horas de música para poder concentrar mi mente en la alabanza. Una de las canciones que me envió me ayudó mucho a superar mis temores. Era de Evan Craft, quien escribió la siguiente canción: "En el día que no tenga fuerzas". Ese 26 de junio de 2021, no tenía nada de fuerzas: "Será Jesús mi fortaleza. Mi esperanza solo en ti. No temeré, estás conmigo. No fallarás, en ti confío. Mi esperanza solo en ti".

Entonces, llamé a Sharon y le dije lo que me había pasado. "No he de morir en este hospital. Dios me dijo que no tema". Ella empezó a llorar junto conmigo. Esa palabra nos trajo consuelo. Aquella canción dice: "Al débil fortalecerás y me sustentarás cuando no pueda más". Así, pude entonar en mi espíritu, porque no tenía fuerzas para cantar: "No temeré, estás conmigo. No fallarás, en ti confío. Mi esperanza solo en ti". ¿Cuál es el temor que lo tiene encadenado? ¿Qué mentira del enemigo usted ha creído? Dios le está hablando hoy: "No temas, Dios está contigo".

Cuando Dios me dijo que no tema, me sucedió algo interesante. Todos los pensamientos negativos fueron borrados de mi mente y, en su lugar, estaba convencido de que yo no iba a morir en ese hospital. "He de salir de aquí caminando". "He de volver a predicar". "Este virus no me ha de vencer". "Ningún virus es más fuerte que mi Dios". Una nueva energía entró en mi cuerpo y, desde ese momento en adelante, empecé a mejorar, tanto es así que los doctores admitieron que no era normal que alguien de mi edad, con los pulmones tan dañados, pudiera salir con vida del hospital.

Así fue como, en la pizarra que tenía en mi habitación, escribí que yo iba a salir del hospital el 2 de julio para celebrar el cumpleaños de mi hijo Italo. La jefa de las enfermeras, que Dios la tenga a fuego lento, vio lo que escribí y se rio de mí. "Eso sería un gran milagro". Tenía razón: no salí el 2 de julio; salí el 1 de julio. El temor es una ilusión, es el producto de tu imaginación y por eso no debemos dejar que nos domine.

Lo segundo que Dios me dijo fue: "Yo estoy contigo". Esa frase fue para mí una inyección de energía emocional porque llevaba ya varios días en soledad absoluta. Debido al covid, me tenían aislado de todos, no podía ni siquiera salir al pasillo. Estaba encerrado en esa habitación y, quiera uno o no, la soledad afecta a la persona.

Nada nos hace más vulnerables que la soledad. Todos tenemos el temor de acabar solos nuestras vidas. Yo sufría al pensar que nadie estuvo con mi padre cuando falleció ya que, por el covid, no nos dejaron estar con él. Una frase de la Madre Teresa de Calcuta decía: "La soledad y el sentir que nadie te quiere es la peor de las pobrezas".

Cuando escuché que Dios me dijo que estaba conmigo, me di cuenta de que, en realidad, yo no estaba solo en esa habitación y que mi papá no murió solo. No estaba abandonado a mi suerte. Dios no me había olvidado. Mi Dios no es un Dios lejano. No es un Dios genérico, sino que es un Dios personal y presente. El Salmo 139:2 dice: *"Tú has conocido mi sentarme y mi levantarme; has entendido desde lejos mis pensamientos". Y Lucas 12:7: "Aun los cabellos de vuestra cabeza están todos contados".*

Dios me observa como una madre a su hijo pequeño. Me rodea, me protege. Nunca he de caminar solo. Donde quiera que vaya, donde quiera que me encuentre, Dios está conmigo. En el Salmo 139:7, David se hace la pregunta: *"¿A dónde me iré de tu Espíritu? ¿Y dónde huiré de tu presencia?"*. Esas palabras fueron como un bálsamo para mí.

Y hay más ejemplos. Josué se sintió solo y no se creía capaz de asumir el liderazgo a la muerte de Moisés. Entonces, Dios le habló: *"No te dejaré, ni te desampararé"* (Deuteronomio 31:6). David dijo algo muy importante en el Salmo 21:10: *"Aunque mi padre y mi madre me dejaran, con todo, Jehová me recogerá"*. Dios nos ama y, a causa de su amor, nunca nos abandona.

Cristo nos dijo en Mateo 28:20: *"Yo estoy con vosotros todos los días"*. En los días malos así como en los días felices y buenos, no nos deja ni nos desampara. En los días de salud o en los de enfermedad. En nuestra juventud o en nuestra vejez. Siempre fiel, siempre a nuestro lado.

La tercera palabra que me dio fue: "Yo soy tu sanador". Yo necesitaba recordar que, al final del día, el que sana es el Señor. Lo he experimentado tantas veces.

Al oír esa palabra, recordé cómo me sanó de la tuberculosis. Recordé cómo Sharon fue sanada del covid. Recordé las palabras del profeta Isaías que dicen que por sus llagas fuimos nosotros curados. Recordé los casos de sanidad que había visto. Recordé a la joven ciega que recibió su vista en la ciudad de Linares. Recordé las impactantes sanidades en las reuniones de Julio César Ruibal en Bolivia. Mi fe comenzó a crecer otra vez dentro de mí. Donde antes había temor y duda, ahora había la certeza de que iba a ser sano y pocos días después me dieron el alta médica.

Sé que hay personas que leen estas palabras que están sufriendo alguna enfermedad. Quiero que sepa que el mismo Cristo que sanó al ciego de nacimiento hace 2.000 años, lo hace hoy también. Si sanó al enfermo en el pasado, hoy sana al enfermo y mañana sanará al enfermo también, porque él no puede cambiar. Las palabras que me dijo ese día en el hospital son las mismas que les dijo a los israelitas en el desierto. Éxodo 15:26: *"Yo soy Jehová tu sanador"*.

Estudié con detenimiento las sanidades en la Biblia y hallé algo que todos tenían en común. No, no era fe, porque algunos fueron sanos por iniciativa de Cristo, no de ellos mismos. Lo que todos tenían en común, es esto: todos estaban enfermos y todos necesitaban ser sanos. Todos los que fueron sanados estaban enfermos y todos tuvieron un encuentro con Cristo. Si necesita sanidad ahora, confíe en Dios, porque él es su sanador.

Cuando finalmente me dieron de alta, otro pensamiento vino a mi mente: ¿Cómo he de pagar los gastos de la estadía en el hospital? Dios me dio una cuarta palabra: "Yo soy tu proveedor".

Me preocupaba porque no teníamos seguro médico en los Estados Unidos. Llevé esta necesidad ante mi Padre que está en los cielos y le comenté cuál era mi temor. Pasaron varios días y finalmente me llegó la cuenta. Tal como yo había pensado, era una cifra considerable. El costo del hospital era de unos de 60 mil dólares. Obviamente, se trataba de una cantidad astronómica, fuera de nuestra capacidad financiera.

No puedo describir lo que sentí al ver esa cifra y repetí una oración a Dios. Di vuelta la hoja y, ante mi sorpresa, me di cuenta de que estaba todo pagado, y solo quedaban unos restos que yo debía pagar, pero en comparación con eso, era la nada misma.

No puedo expresar lo aliviados que estuvimos y cómo dimos gracias a Dios por suplir nuestra necesidad. Me avergoncé porque había perdido tiempo ansioso buscando una alternativa y cómo cubrir esos gastos, y mi Padre ya sabía cuánto iba a ser y cómo se podía pagar.

Él es mi proveedor. Una de las frases del Padrenuestro es: *"El pan nuestro de cada día, dánoslo hoy"*. Dios nos está diciendo: "Yo sé cuándo necesitas pan: todos los días necesitas pan. Yo he de proveer lo que necesiten. Yo soy tu proveedor". No solamente puede suplir la necesidad del individuo, sino que pudo mantener a una nación entera en el desierto por más de 40 años con el maná, y eso quiere decir que él tiene recursos más que suficientes para mantenerme a mí y mi familia.

Cuando Israel estaba en el desierto, cada día Dios mandaba el maná para que el pueblo tuviera alimento. Les estaba enseñando que podían depender de Él para sus necesidades diarias, pero siempre había alguien que dudaba de si mañana Dios iba a suplir y recogía una doble porción. Pronto descubría que se agusanaba y se pudría. El problema era que tenían la mentalidad del esclavo. Habían sido esclavos durante varios siglos y Dios intentaba cambiar esa forma de pensar para que se dieran cuenta de que ya no eran esclavos, sino hijos.

Aunque usted no lo crea, hay personas que hoy se sienten indignos de recibir de Dios y piensan que Dios no es capaz de suplir las necesidades que puedan tener. Se miran a sí mismos como esclavos y no como hijos de Dios.

Es la responsabilidad del padre de suplir las necesidades de sus hijos. En Juan 6:32 se lee: *"De cierto, de cierto os digo; no os dio Moisés el pan del cielo, mas mi Padre os da el verdadero pan del cielo. Porque el pan de Dios es aquel que descendió del cielo y da vida al mundo. Le dijeron: Señor, danos siempre este pan. Jesús les dijo: Yo soy el pan de vida; el que a mí viene, nunca tendrá hambre; y el que en mí cree, no tendrá sed jamás".*

Dios nos dice: "Yo soy tu proveedor. Yo soy *dayenu*, más que suficiente. Yo soy Jehová Jireh, el Dios que siempre provee". Él quiere que lo busquemos a él y no a las finanzas. Dios ha de suplir, sea cual fuere la necesidad que usted tiene hoy, si lo busca a Él. Yo tuve que poner mi esperanza, mi confianza en Dios para hacer frente a esa necesidad financiera y Dios no me desamparó.

Usted es hijo/hija de Dios, no es esclavo; y su Padre Celestial ha de suplir su necesidad. Hoy, hay paz para el que tiene temor. Su presencia acompaña al que se siente solo. Dios quiere tocar el cuerpo enfermo ahora. El pan nuestro de cada día está asegurado, porque eres hijo y no esclavo.

CAPÍTULO 23

Sharon mantuvo un diario con todos los detalles de lo que sucedió en esos días de gran estrés. A continuación, comparto algunas de las cosas importantes que ella anotó.

3 de junio por la noche: Salimos de Maui en dirección a Dallas. El Dr. Marocco y su esposa iban sentados detrás de nosotros en el avión.

4 de junio: En Dallas, Texas, alquilamos un auto y fuimos a la casa de nuestro hijo Italo. Pasamos el día con las cuatro nietas, Italo y Amy.

5 de junio: Nos invitaron a ver a nuestras dos nietas actuar en una obra de teatro. La familia que estaba sentada en frente de nosotros tenía covid, pero no lo sabíamos y Sharon se contagió. Al parecer, alguien sentado detrás de nosotros también estaba con covid.

6 de junio: Acompañamos a nuestro hijo y su familia a la iglesia y luego fuimos a comer a un restaurante de comida italiana.

8 de junio: Fuimos a hacer el test PCR para poder viajar a Madrid. Sharon salió positivo. No lo podíamos creer. Estábamos preocupados de no contagiar a nuestro hijo y su familia, así que alquilamos una casa para hacer los diez días de cuarentena. Debíamos salir al día siguiente a España y teníamos las maletas preparadas. Sharon estaba con dolor en todo el cuerpo y tenía tercianas.

9 de junio, a eso de las 14:00: Italo llevó a Sharon al hospital para recibir una infusión de anticuerpos. Tenía una fiebre alta, un fuerte dolor de cabeza y cuerpo, además de deshidratación. Italo pacientemente esperó cuatro horas hasta que la atendieron. Su dolor de cabeza y cuerpo eran insoportables. Finalmente, hicieron la infusión y a eso de las 2:30 de la madrugada, volvieron a casa.

10 de junio: Fuimos a la casa alquilada para hacer la cuarentena. Amy había preparado una sopa deliciosa pero Sharon no podía comer por el dolor. El Dr. Marocco llamó a Sharon y oró por ella, luego, nos dio el número de teléfono del Dr. Remedios, quien mandó por internet la receta de lo que ella necesitaba.

11 de junio a las 5:00 am: Sharon no podía soportar el dolor de cabeza y a las 6:00 yo le di un masaje y oré por ella, entonces el dolor desapareció. Ese día, Sharon cambió totalmente. Comenzó a cantar y danzar, llena de energía y sin dolor alguno. ¡Dios la sanó milagrosamente!

12 de junio: La iglesia en Santiago tenía un retiro y yo prediqué a más de cien personas vía Zoom. Amy mandó comida que yo degusté con mucha hambre mientras que Sharon no tenía nada de apetito.

15 de junio: Yo empecé a sentirme muy mal y, ese mismo día, Vangie llamó a Sharon emocionada porque alguien le había enviado un cheque por 1.200 dólares y, en oración, ella sintió de Dios que nos tenía que mandar ese dinero para ayudar con el alquiler de la casa en la que estábamos. Nos maravillamos de lo grande que es Dios y de la gran generosidad de Vangie. La casa que alquilamos para aislarnos costaba mil dólares semanales aunque, a decir verdad, no era un lugar muy agradable.

16 de junio: No me sentía bien y no podía comer. Fuimos a caminar por el vecindario y nos dimos cuenta de que yo estaba muy débil así que volvimos a casa.

17 de junio: Sharon despertó a las 5:30 de la madrugada debido a una pesadilla. Yo estaba tosiendo y Sharon oró por mí. Ella tomó mi temperatura y tenía fiebre así que llamó a Italo, quien me recogió para hacer el PCR cuyo resultado fue positivo. El Dr. Remedios llamó a las 11:00 de la noche y nos mandó una receta por internet.

18 de junio: Amy nos recogió de la casa para llevarnos a un hotel para otra cuarentena de diez días. Yo me sentía muy mal. La Pastora Colleen Marocco llamó a Sharon y hablaron por unos 45 minutos.

Yo no podía comer y esa noche empezó un fuerte dolor de cabeza.

19 de junio: A las 11:00 me estaba duchando, resbalé y caí, lastimando mi rodilla derecha. Al toser, escupía sangre. Amy nos trajo una deliciosa cena que casi no probé. La fiebre no bajaba. Esa noche casi no dormí. Fiebre muy alta.

20 de junio: La fiebre no bajaba, más bien subía. Era el Día del Padre y Amy nos trajo regalos que Bruno, Italo y Sandra me enviaron.

21 de junio: Pude dormir toda la noche. Mi saturación de oxígeno bajó a 85.

22 de junio: Me sentía muy débil. Cuando intenté ducharme, no podía respirar. Mi oxígeno bajó otra vez a 85. Amy dijo: "Hay que llevarlo a urgencias de inmediato". Italo nos recogió y nos llevó a urgencias al hospital metodista. A las 4:15 finalmente me atendieron. Muchos exámenes, radiografías y me dieron oxígeno, ya que no podía levantar el nivel a más de 93. Me dieron un antibiótico y suero vía intravenosa. El doctor me hospitalizó, lo que era mi gran pesadilla. El Dr. dijo que en 72 horas iba a salir del hospital. Sharon me acompañó a mi habitación número 266. La dejaron a mi lado hasta las 8:00 pm. Esa era la última vez que la iba a ver en persona por diez días.

23 de junio: Sharon me llamó. No podía estabilizar mi nivel de oxígeno.

24 de junio: Darío, el director de música de la iglesia en Santiago fue hospitalizado por covid. Se empezó una cadena de oración en la iglesia tanto por Darío como por mí. Dios le dio a Sharon las palabras de Romanos 8:11 que dicen: *"Y si el Espíritu de aquel que levantó de los muertos a Jesús mora en vosotros, el que levantó de los muertos a Cristo Jesús vivificará vuestros cuerpos mortales por su Espíritu que mora en vosotros".* Ese versículo nos animó a ambos. Mis hijos me llamaron todos los días, así como mis nietos, animándome.

26 de junio: Yo estaba muy débil. El doctor subió mi nivel de oxígeno de 4 a 10 litros. Luego habló con Sharon y ella se puso a llorar. Compartió esta noticia con Italo y Amy y se encerró en su dormitorio a orar. Intentó llamar a Bruno pero no contestaba. Llamó a Sandra, que ya había hablado conmigo y con el doctor, quien le explicó que estaba grave y que si ese día no me recuperaba, iba a fallecer. Sharon no dejaba de llorar. Sandra intentó calmarla y oraron juntas, Dios les dio paz. No sabían que ese día yo había tenido mi "entrevista". A eso de las 5:30 pm llamé a Sharon para decirle que Dios me había dado tres palabras: "No temas. Yo estoy contigo. Yo soy tu sanador". La presencia de Dios era palpable. Ambos empezamos a llorar. Yo apenas podía hablar.

Ahí tuvimos la certeza de que yo iba a salir caminando de ese hospital. La misericordia de Dios sobreabunda.

Esa noche, en la oración, me pude conectar por internet y Bruno compartió la Santa Cena. Yo hallé un pedazo de pan y algo para tomar y pude participar del sacramento. Nuestra querida amiga Pilar Dieguez compartió Jeremías 33:6 que dice: *"He aquí que yo les traeré sanidad y medicina: y los curaré, y les revelaré abundancia de paz y de verdad". ¡Realmente mi Dios es el sanador divino!*

27 de junio: Sharon fue al culto con Amy e Italo y los padres de Amy. Sharon se lloró todo el culto. Cantaron "Levanto un aleluya". Esa alabanza habla de la resurrección y de que todo el cielo peleará por mí, a la muerte se ha vencido. Sharon podía ver a todo el cielo peleando a nuestro favor.

30 de junio: Mi saturación de oxígeno bajó a 5 litros y para el mediodía, había bajado a 2 litros. Mi hermana Cristina me llamó desde Perú para decirme que Dios le había hablado que yo ya estaba sano. ¡Me iría a casa mañana!

1 de julio: Italo y Sharon vinieron a recogerme. Dos enfermeras me acompañaron hasta el auto y salí del hospital entre los aplausos de enfermeras y doctores. La jefa de las enfermeras me dijo: "Tú eres nuestra historia de éxito". Esa era la misma enfermera que se había reído de mí cuando dije que el 2 de julio estaría en casa. Sharon y yo lloramos emocionados en el auto. A las 4:00 pm estaba en casa. Aunque me sentía débil, el estar fuera del hospital era una gran victoria.

En todo momento Vangie y Starlene, las hermanas de Sharon, junto con Bonnie, su cuñada, la llamaban a diario y la sostenían en oración. Esas oraciones mantuvieron la fe de Sharon y la ayudaron a creer a pesar de las evidencias negativas. Nuestros tres hijos a diario hablaban conmigo y con Sharon, y oraban por nosotros. Así expresaron su cariño y su confianza de que Dios iba a hacer un milagro.

2 de julio: Celebramos el cumpleaños de Italo.

3 de julio: Mi hermano Pablo, quien es doctor, vino a estar a mi lado para asegurarse de que me estaba recuperando bien. Mi nivel de oxígeno era inestable. Bajaba hasta 75 y luego subía a más de 95.

5 de julio: Pude dormir toda la noche y mi saturación de oxígeno estaba bien. Pablo me indicó que no necesitaba más oxígeno y, aunque con algún temor, me desconecté por 45 minutos. Todo bien.

8 de julio: Pablo volvió a su casa.

9 de julio: Tuvimos una mala noche, despertando cada hora. Ambos orando por Darío, quien estaba intubado luchando por su vida.

12 de julio: A las 5:00 me quité la máscara de oxígeno y no la he vuelto a usar desde entonces. Ese mismo día desintubaron a Darío.

13 de julio: Fui al doctor. Mi saturación era 97 y mis pulmones estaban funcionando bien. ¡El doctor me dio de alta! Me dijo: "Diviértete, estás bien".

14 de julio: Fui al peluquero. Nunca había tenido el pelo y la barba tan largos.

18 de julio: Fui a la iglesia por primera vez desde el 6 de junio. No podía dejar de llorar.

3 de agosto: Fuimos a tomar el PCR y ambos estaban negativos. Nos dirigimos al aeropuerto para volver a Chile. Italo nos llevó y me dieron una silla de ruedas ya que estaba demasiado débil para caminar. En Miami nos juntamos con nuestros nietos Cesar y Alessandra, y el padre de ellos, Cesar Bergen.

5 de agosto: Llegamos a Santiago. Finalmente en casa.

CAPÍTULO 24

En mi encuentro con la muerte, en la entrevista, he aprendido que para Dios eso del pecado es cosa seria. Entendí que él no puede permitir que el pecado entre en el cielo y en varias ocasiones él nos advierte. Por ejemplo, en Apocalipsis 21:27: *"No entrará en ella ninguna cosa inmunda, o lo que hace abominación y mentira"* refiriéndose a la nueva Jerusalén.

Apocalipsis 21:8 da una lista de los que no han de entrar en el cielo: los homicidas, los fornicarios, los hechiceros, los idólatras, los mentirosos, todos ellos tienen su sitio en el lago de fuego y azufre, o sea, la segunda muerte. Para Dios es importante que uno pueda arrepentirse, ya que, sin arrepentimiento y confesión, no hay perdón de pecado. El problema es que algunos confunden el **arrepentimiento** con el **remordimiento**, pero no hay un alejamiento del pecado y, por consiguiente, siguen en lo mismo. Pedro dice en Hechos 3:19: *"Así que arrepentíos y convertíos para que sean borrados vuestros pecados"*.

Pero el versículo que es, a mi entender, uno de los más tristes de la Biblia es Hebreos 12:17. En este pasaje, el Espíritu Santo utiliza el ejemplo de Esaú, quien había vendido su primogenitura y, cuando quiso arrepentirse de ese hecho, no había oportunidad para hacerlo. Vendió su bendición porque quería satisfacer los deseos de la carne. Vendió su promesa eterna por placer pasajero. Vendió su salvación por un momento de satisfacción.

¿Conoce a alguien así? Es una advertencia para aquellos que siguen al Señor, pero siguen vendiendo su salvación para satisfacer los deseos de la carne. Sin embargo, llega el momento en el cual ya no existe la oportunidad para arrepentirse. Ese triste versículo dice: *"Porque ya sabéis que aun después, deseando heredar la bendición, fue desechado, y no hubo oportunidad para el arrepentimiento, aunque la procuró con lágrimas".* Esa herencia le pertenecía; era suya. Con lágrimas procuró obtenerla después de haberla perdido, pero fue en vano. Fue desechado porque no *"hubo oportunidad para el arrepentimiento".*

El Espíritu Santo nos quiere ayudar a vivir como hijos de Dios y nos dice por qué algunos no alcanzan Su gracia. Así, comienza con los pecados del espíritu que no son evidentes y, en ocasiones, no son considerados como pecados, pero lo son. Mire el versículo 15: *"Mirad bien, no sea que alguno deje de alcanzar la gracia de Dios: que brotando alguna raíz de amargura, os estorbe, y por ella muchos sean contaminados".*

Por ejemplo, pocos son los que confiesan la amargura, pero es pecado. ¿Está usted amargado? ¿Conoce a alguien que lo está? Envidia y celos son parte de la amargura. Son pecados que otros no pueden ver hasta que es demasiado tarde. Son pecados ocultos en el corazón de una persona.

Ese fue el caso de Judas: nadie sospechaba de él. Judas asistió a todos los cultos. Alababa al Señor como todos los demás. En su apariencia externa, no había señal alguna de que era un amargado y que iba a traicionar al Maestro. Él permitió que Cristo le lavara los pies momentos antes de traicionarlo. Su apariencia era una, pero su espíritu era otro. Estos pecados del corazón nos **estorban** y **contaminan** a otros. Aquí se menciona "amargura" porque en la vida hemos de enfrentar situaciones en las que, si no cuidamos nuestra actitud, nos hemos de amargar. Si no fuera así, no estaría mencionado en la Biblia.

Eventualmente la vida nos ha de tentar para que nos amarguemos. ¿Conoce a alguien amargado? Aquel que se amarga con sus padres porque no lo tratan como a los demás hijos. Se amarga con su cónyuge porque no cumplió con lo prometido. Se amarga con la iglesia porque alguien le hizo un comentario. Se amarga con Dios porque, aunque oró por sanidad, su mamá falleció.

Amargura es resentimiento que actúa como una bola de nieve, que llega a envenenar todo lo que le rodea. ¿Está resentido, resentida con alguien? El resentimiento es un dolor moral que se produce como consecuencia de una ofensa. La persona que lo sufre no logra olvidar esa ofensa, de manera que la vuelve a sentir una y otra vez (re-siente).

Este sentimiento va acompañado de rencor y hostilidad hacia quienes causaron el daño y estorba todos los dones que se tienen, destruye su futuro por eso debe confesarlo. El siguiente verso se refiere a los pecados de la carne. El v. 16 señala: *"No sea que haya algún fornicario, o profano, como Esaú que por una sola comida vendió su primogenitura".* El autor de la epístola a los Hebreos advierte a los convertidos, diciendo que no haya entre vosotros aquel que comete fornicación ni aquel que es profano, porque esa era la actitud de Esaú y por eso perdió la bendición.

Profano es todo aquello que no está dentro del templo, lo que es irrespetuoso en cuanto a Dios. Es lo contrario a lo sagrado. De esta forma, nada es sagrado para esa persona. El matrimonio no es santo; el vivir en inmoralidad es aceptable. Llama lo malo, bueno; y lo bueno, malo. Tuerce la verdad para amoldarla a su voluntad. Se transforma en lo que el apóstol Pablo llama "mente reprobada".

Esta persona permite que la carne tome todas las decisiones y no puede controlar sus deseos. En una sociedad que es amoral, donde ya nada es inmoral y en la que lo moral es relativo, nos dejamos llevar por esa filosofía y perdemos nuestra identidad como hijos de Dios. Por eso tenemos a hijos e hijas de Dios viviendo en inmoralidad y lo ven como algo normal, su conciencia ya no les remuerde. Tenemos a hijos e hijas de Dios que viven en adulterio y lo encuentran algo normal, hasta bendecido por Dios. Estos pecados afectan nuestro juicio y ciegan nuestra capacidad de poder tomar buenas decisiones, entonces, vendemos nuestra herencia por un plato de cualquier cosa.

Cambiamos nuestro derecho de hijo por el pensamiento profanado de este mundo. Perdemos ventanas de oportunidad porque no vemos nada apetecible para nuestra carne y tomamos decisiones profanas con las que vamos a tener que vivir el resto de nuestros días, y las consecuencias de esas decisiones afectan incluso a nuestros hijos. Luego lloramos las oportunidades que perdimos porque no supimos controlar nuestra carne.

El nombre de Esaú no se menciona muchas veces en la Biblia. Leemos acerca del Dios de Abraham, Isaac y Jacob, aunque en realidad debiera ser el Dios de Abraham, Isaac y Esaú, porque él era el que debía heredar los bienes de su padre y de su abuelo Abraham. También debía ser el heredero de las promesas espirituales, pero Esaú lo perdió todo porque no pudo controlar el apetito de la carne: tenía hambre. Había estado cazando todo el día y, cuando llegó a casa, su hermano Jacob había recién preparado un asqueroso plato de lentejas. Esaú tenía hambre y Jacob, que era un vivo, le ofrece un trato; le dice: mis lentejas por tu primogenitura.

En un principio, yo iba a decir que Jacob lo engañó, pero pensándolo bien, no creo que haya sido así. Yo pienso que Esaú era un estúpido. Si yo le digo: "Le doy este plato de lentejas por su Mercedes Benz del año" y usted acepta el trato y vuelve a pie a casa, luego su esposa le pregunta: "¿Dónde está el auto?", y usted le muestra el plato de lentejas, ¿qué le va a decir su esposa?: que es estúpido.

Lentejas por primogenitura. Lentejas por la herencia de Abraham. Lentejas por el derecho del primogénito. Lentejas por su futuro. Su destino es comprometido por un plato de lentejas. Odio las lentejas.

Esaú tomó una decisión que afectó su futuro, basado en una necesidad temporal. El hambre ha de pasar y tendrá muchas otras oportunidades para comer. La frustración ha de pasar y tendrá otra oportunidad para hacer negocios. Hay aquellos que cambian su familia por treinta minutos de placer.

Todos, en algún momento, hemos hecho algo estúpido. Estando en la entrevista, me he dado cuenta de que yo he hecho tantas cosas tan estúpidas en mi vida. Después me pregunté repetidas veces cómo pude ser tan estúpido. Cómo pude hacer tal cosa. Cómo pude tomar esa decisión. Cómo no me di cuenta de que lo que estaba haciendo no era correcto.

En realidad, no me molesta tanto que Esaú haya cometido una estupidez. Lo que me molesta es que nos viene un ataque de amnesia y luego nos olvidamos de lo estúpidos que nosotros en ocasiones hemos sido. Usted y yo vivimos con las consecuencias de esas decisiones.

Lo trágico es que cuando Esaú intentó arrepentirse de esa decisión con llanto, con lágrimas, no halló ese arrepentimiento. El v. 17 dice: *"No hubo oportunidad para el arrepentimiento, aunque la procuró con lágrimas".* Después, llega el momento en la vida de una persona en que no puede ya arrepentirse y, aunque lo confiese, sin arrepentimiento, no sirve de nada. Perdió su futuro porque no pudo cambiar lo que él mismo echó a andar.

De eso es de lo que yo quiero hablarles hoy. Quiero hablarles del fatídico momento en el que ya no hay oportunidad para arrepentirse. Aunque busquemos la oportunidad de arrepentimiento con llanto. Esto es para aquellos que vuelven a la droga otra vez. Los que sabiendo que no es correcto lo que hacen, igual siguen en inmoralidad. La frustración más grande que existe en la vida es querer arrepentirse y no poder.

Esaú buscó arrepentirse, pero no hubo la oportunidad, aunque lloró amargamente. Él estaba destinado a ser uno de los grandes héroes de la Biblia, pero su nombre es mencionado como advertencia. Perdió su gran oportunidad por algo tan inútil como un plato de lentejas y perdió la habilidad de corregir su error. Todos conocemos a alguien que se ha quedado atrapado en su error. Esaú buscó arrepentimiento en vano.

Esa palabra, "arrepentimiento", en el griego es *metanoia*, que significa "renovar tu mente", cambiar tu forma de pensar. Él buscó con lágrimas un cambio en su forma de pensar y no lo encontró. Trató de cambiar de pensamiento con sus emociones. Buscó arrepentimiento con lágrimas pero no lo encontró.

Una respuesta emotiva no es un cambio de mente; las lágrimas no son indicación de un cambio interior. Las lágrimas son indicación de **remordimiento**, pero no de **arrepentimiento**. Cuántas veces hemos visto a alguien inundado en lágrimas decir: "No lo vuelvo hacer nunca más", y tres días después, vuelve a lo mismo. Uno puede llorar y mentir a la misma vez.

Metanoia significa un cambio de forma de pensar que incluye un cambio de dirección. Es justamente el cambio de forma de pensar que causa un cambio de dirección. Ese cambio es tan radical que afecta la forma de vivir de la persona. Es ese momento en el cual uno dice: "Tengo que cambiar mi forma de pensar y de vivir o he de perder mi futuro".

Mientras no se arrepienta y confiese, siempre ha de volver a lo mismo, porque no ha cambiado su forma de pensar. Si no renueva su mente, no podrá cambiar su vida. Nada es tan poderoso como una mente renovada. Si cambia su forma de pensar, no importa quién venga en su contra, no lo ha de convencer porque, insisto, no hay nada más poderoso que una mente renovada. No más fornicación, adulterio, robo, mentira, borrachera. No vuelva a lo mismo. No pierda su destino. No comprometa su futuro por querer satisfacer el placer de la carne.

El hijo pródigo estaba en el chiquero rodeado de cerdos, sentado sobre el estiércol de ese animal inmundo. La Biblia dice que *"volviendo en sí"* salió de ese chiquero para volver a casa del padre. Todo lo que hizo fue renovar su mente y le aseguro que ese joven nunca más se acercó a un chiquero, a un cerdo o a una chuleta.

Todo lo que hizo fue cambiar su forma de pensar. No lloró, ni gritó, ni se frustró, sino que cambió su forma de pensar. Ningún cerdo lo pudo retener, ni siquiera la vergüenza de oler como un cerdo impidió que volviera a casa. Es normal que un cerdo viva en un chiquero, lo que no es normal es que una oveja viva en un chiquero.

Si usted es hijo, lo normal es que viva en la casa del Padre y no en un chiquero en una provincia lejana. Lamentablemente, Esaú estaba destinado al éxito, pero lo perdió todo porque no quiso cambiar su forma de pensar.

Puede llorar toda la noche, pero si no hay un cambio en su forma de pensar, ha de morir en un chiquero, lejos del padre. No muera en un chiquero.

Yo tuve la oportunidad de volver a la vida otra vez, pero eso no garantiza que usted tendrá esa oportunidad. Yo tuve la oportunidad de confesar y arrepentirme, pero eso tampoco garantiza que usted tenga esa misma oportunidad. Ahora es el momento para tener las cuentas al día con Dios.

Made in the USA
Middletown, DE
18 October 2023